Sarah-Jane Hicks

AMIGURUMI GRANNY SQUARES

Bibliografische Information der Deutschen Nationalbibliothek
Die Deutsche Nationalbibliothek verzeichnet diese Publikation in der Deutschen Nationalbibliografie; detaillierte bibliografische Daten sind im Internet über http://dnb.d-nb.de abrufbar.

ISBN 978-3-7475-0862-6
1. Auflage 2024
www.mitp.de
E-Mail: mitp-verlag@sigloch.de
Telefon: +49 7953 / 7189 - 079
Telefax: +49 7953 / 7189 - 082

Titel der Originalausgabe: All New 20 to Make Animal Granny Squares
Zuerst veröffentlicht in Großbritannien von Search Press Limited
Wellwood, North Farm Road, Tunbridge Wells, Kent TN2 3DR

Lektorat: Nicole Winkel
Fotos: Heather Carpenter, Fotos auf S. 35, 62 und 63 von Mark Davison
Druck: China

MIX
Papier | Fördert gute Waldnutzung
FSC® C136333
FSC www.fsc.org

INHALT

EINLEITUNG

Ich hoffe, dass du mit diesem Granny-Squares-Buch mit Tiermotiven genauso viel Spaß haben wirst, wie ich ihn beim Schreiben dieses Buchs hatte. Ich häkle leidenschaftlich gern und hoffe, dass ich andere dazu inspirieren kann.

Das Häkeln habe ich schon in jungen Jahren gelernt und wurde von meiner Mutter und meiner Oma darin unterrichtet. Ich liebe den Gedanken, dass eine Fertigkeit von Generation zu Generation weitergegeben wird. Aber egal, wie man es lernt – ich denke, dass es wichtig ist, ein Hobby zu haben, etwas Kreatives, das einem Spaß bringt und einen glücklich macht.

Dieses Buch enthält 20 in modernen Farben gehaltene Granny Squares mit Tiermotiven, die am Ende zu einer bunten Decke zusammengehäkelt werden können. Die Quadrate sind einfach, lustig und leicht umzusetzen. Sie sind geeignet für Häklerinnen und Häkler mit Grundkenntnissen der Maschentechniken.

Ich hoffe, dass dich die Squares mit Tiermotiven dazu inspirieren, eigene Variationen zu gestalten, andere Farben zu verwenden oder deine eigenen Tiermotive zu erfinden. Vielleicht möchtest du die Granny Squares ja auch für etwas anderes als für eine Decke verwenden – womöglich machst du aus ihnen ein Kissen oder sogar eine Spielzeugtasche.

Egal, wofür du dich entscheidest: Hab Spaß dabei!

MATERIAL & ZUBEHÖR

Alle Häkelquadrate in diesem Buch werden mit nur wenigen Häkelutensilien hergestellt und benötigen nur geringe Mengen an Garn – perfekt, um kleine Knäuel oder Garnreste aufzubrauchen.

GARN

Für die Häkelquadrate in diesem Buch wurden 100-g-Knäuel DK (engl. Double Knit Yarn, dt. Doppelstrickgarn; 8-fädrig/Light) aus Acrylgarn verwendet. Ich habe die folgenden Farben für meine Quadrate gebraucht: Creme, Beige, Braun, Dunkelbraun, Hellblau, Azurblau, Blau, Blassgelb, Sonnengelb, Rosa, Flieder, Lila, Rot, Orange, Hellgrün, Grün, Grau, Weiß und Schwarz.

Ein Knäuel von jeder Farbe reicht aus, um alle Quadrate zu häkeln. Ein graues Knäuel wird für das Zusammennähen und den Rand der Decke benötigt.

Es können auch andere DK-Garne wie Baumwolle oder Wolle verwendet werden, wobei die Größe der Häkelquadrate aufgrund der unterschiedlichen Dicke oder Elastizität der verschiedenen Garntypen leicht variieren kann.

Wenn du das Garn durch eines mit anderer Stärke ersetzt, z.B. durch ein 4-fädriges Garn (Super Fine) oder ein Aran-Garn (Medium), musst du daran denken, die Nadelstärke entsprechend anzupassen. Auf der Banderole ist ein Größenbereich angegeben.

Die verwendeten Garne sind in Deutschland auf lovecrafts.com und wollplatz.de erhältlich.

Verwendete Garne:

- Stylecraft Special DK, 100% Acrylgarn,
  100 g / 295 m
  22 Maschen x 30 Reihen = 10 cm x 10 cm
- Paintbox Yarns Simply DK, 100% Acrylgarn,
  100 g / 276 m
  22 Maschen x 30 Reihen = 10 cm x 10 cm

HÄKELNADELN

Eine 4-mm-Nadel wurde verwendet, um alle Quadrate zu häkeln.

Sollten deine Maschen ein bisschen zu eng sein (Maschenprobe), dann wechsel einfach zu einer größeren Nadel.

Häkelnadeln werden aus einer Reihe von Materialien hergestellt. Wähle die Nadel aus, die dir liegt und mit der du einen bequemen Griff hast.

SONSTIGES

- Eine Stopfnadel mit leicht gebogener Spitze wurde für die Stick-Elemente verwendet und um die Enden einzunähen.
- Stickscheren oder Klipser sind unentbehrlich, um die Enden zu trimmen.

TECHNIKEN

GRÖSSE

Jedes Granny Square hat die Maße: 14 cm x 14 cm

Es ist nicht notwendig, dass deine Häkelquadrate die gleichen Abmaßungen haben wie oben genannt, allerdings solltest du versuchen, jedes Quadrat in der gleichen Größe zu häkeln – insbesondere, wenn du die Decke herstellen willst (siehe Seite 60).

FARBWECHSEL

Wenn du einen Farbwechsel machst, verwende die neue Farbe, während du den Faden für die vorhergehende Masche holst.

STICK-ELEMENTE

Halte dich beim Häkeln der Amigurumi Granny Squares und beim Hinzufügen von Besonderheiten und anderen Details genau an die Anleitung und verwende die Fotos als Referenz.

AUGEN HERSTELLEN

Verwende ein kurzes Stück schwarzes Garn (oder die in der Anleitung angegebene Garnfarbe) und sticke die Augen auf, indem du zwei oder drei kleine Stiche übereinander setzt, das Häkelwerk umdrehst und die Enden des Fadens auf der Rückseite vernähst.

WEITERE DETAILS

Für diese nutze ich gerne Oberflächenhäkeln (engl. surface crochet), indem ich Kettmaschen verwende. Die Details werden wie folgt gemacht:

Beginne mit dem Garn auf der Rückseite des Häkelwerks und arbeite zwischen Maschen oder Reihen. Stich die Nadel von der Vorderseite zur Rückseite am Startpunkt, hole den Faden auf die Nadel, ziehe eine Schlaufe dadurch, *stich die Nadel durch die nächste Stelle, hole den Faden auf die Nadel, ziehe eine Schlaufe dadurch und wiederhole alles mit der Schlaufe auf der Nadel von * bis zum Ende, ziehe den Faden durch die letzte Schlaufe und danach auf die Rückseite des Häkelwerks, wo du die Enden einnähst.

Falls du es bevorzugst, kann das Aufsticken von Luftmaschen den gleichen Effekt hervorrufen.

NACH DER FERTIGSTELLUNG SPANNEN (»BLOCKING«)

Wenn du möchtest, kannst du deine Häkelquadrate nach dem Häkeln spannen.

Befestige deine Häkelquadrate hierzu mit Stecknadeln auf einem Handtuch oder einer Matte, besprühe sie leicht mit Wasser und lasse sie dann trocknen.

HÄKELTECHNIKEN

Alle Projekte in diesem Buch werden mit den grundlegenden Häkeltechniken umgesetzt, zusätzlich dazu mit einer Handvoll besonderer Techniken für manche der Tiere (siehe unten).

Bitte schaue auch auf Seite 10 für die Liste der Abkürzungen, die für die grundlegenden Häkeltechniken und Begriffe verwendet wurden.

BESONDERE HÄKELTECHNIKEN

STÄBCHEN-CLUSTER (STB-CL)

Arbeite wie folgt: Faden holen, Nadel durch die 1. M, Faden holen, durchziehen, Faden holen and durch die ersten 2 Schlingen ziehen, wodurch 2 Schlingen auf der Nadel bleiben. Faden holen, Nadel durch dieselbe M, Faden holen, durchziehen, Faden holen und durch die ersten 2 Schlingen ziehen, wodurch 3 Schlingen auf der Nadel bleiben. Faden holen und durch alle 3 Schlingen ziehen. So entsteht ein Stäbchen-Cluster (Cluster = Büschelmasche).

POPCORNMASCHE AUS HALBEN STÄBCHEN (HSTB-POP)

Arbeite wie folgt: Häkle 4 hStb in dieselbe M, ziehe den Faden vorsichtig aus der letzten M, wodurch eine Schlaufe übrig bleibt. Stich die Nadel oben durch das 1. hStb, nimm die gerade gemachte Schlaufe auf und ziehe sie oben durch das 1. hStb. So entsteht eine Popcornmasche aus halben Stäbchen.

POPCORNMASCHE AUS STÄBCHEN (STB-POP)

Arbeite wie folgt: Häkle 4 Stb in dieselbe M, ziehe den Faden vorsicht aus der letzten M, wodurch eine Schlaufe übrigbleibt. Stich die Nadel oben durch das 1. Stb, nimm die gerade gemachte Schlaufe auf und ziehe sie oben durch das 1. Stb. So entsteht eine Popcornmasche aus Stäbchen.

SCHLINGMASCHE (SCHLM)

Arbeite wie folgt: Stich die Nadel durch die M, Faden um den ersten Finger hinter der Arbeit wickeln, Garn um den ersten Finger hinter der Häkelarbeit wickeln, Faden holen, durchziehen, jetzt sind 2 Schlaufen auf der Nadel, Faden holen, durch beide Schlingen ziehen, Finger aus der Schlinge ziehen. So entsteht eine Schlingmasche.

Abkürzung	Erklärung
2 fM zus abn	2 feste Maschen zusammen abnehmen
2 Stb zus abn	2 Stäbchen zusammen abnehmen
abn	abnehmen
DStb	Doppelstäbchen
fM	feste Masche(n)
g	Gramm
hMg	ins hintere Maschenglied häkeln
hStb	halbes Stäbchen
hStb-Pop	Popcornmasche aus halben Stäbchen
inkl	inklusive
Km	Kettmasche(n)
Lm	Luftmasche(n)
Lmk	Luftmaschenkette
M	Masche(n)
m / cm / mm	Meter / Zentimeter / Millimeter
Pop	Popcornmasche
Rd	Runde(n)
RS	Rückseite bzw. »linke« Seite
Schlm	Schlingmasche(n)
Stb	Stäbchen
Stb-Cl	Cluster (Büschelmasche) aus Stäbchen
Stb-Pop	Popcornmasche aus Stäbchen
üspr	die angegebene Anzahl von Maschen überspringen
vMg	ins vordere Maschenglied häkeln
VS	Vorderseite bzw. »rechte« Seite
wdh	wiederholen
(...) oder [...]	Die Klammern zeigen an, dass eine Gruppe von Maschen an die gleiche Stelle oder in einer bestimmten Anzahl von Wiederholungen gehäkelt wird.
...	Die Sternchen zeigen an, dass ein Teil der Maschen in der Anleitung wiederholt wird.

DIE TIERE

BÄR

WAS DU BRAUCHST

Kleine Mengen von DK (8-fädrig/Light) Acrylgarn in Braun (A), Creme (B), Orange (C), Beige (D), Dunkelbraun (E) und Schwarz (F)

Alternatives Farbschema (für den Eisbären): Kleine Mengen von DK (8-fädrig/Light) Acrylgarn in Weiß (A), Blau (B), Sonnengelb (C), Grau (D) und Schwarz (F)

ANLEITUNG

BÄR-HÄKELQUADRAT

Verwende Garn A, häkle 4 Lm.

Runde 1: (Die ersten 3 Lm zählen durchgehend als Stb), 11 Stb in 4. Lm von der Nadel aus, mit 1 Km mit der obersten der ersten 3 Lm verbinden (12).

Runde 2: 3 Lm, 1 Stb in die 1. M, 2 Stb in jede M der Rd, mit 1 Km mit der obersten der ersten 3 Lm verbinden (24).

Runde 3: 3 Lm, 2 Stb in die nächste M, (1 Stb, 2 Stb in die nächste M) x11, mit 1 Km mit der obersten der ersten 3 Lm verbinden (36).

Runde 4: Farbwechsel zu Garn B, ausschließlich ins hMg arbeiten, 1 Lm (zählt nicht als M), *2 fM, 2 hStb, [2 Stb, 2 Lm, 2 Stb] in die nächste M, 2 hStb, 2 fM, wdh ab * noch 3x, mit 1 Km mit der 1. M verbinden (48).

Runde 5: 3 Lm, 5 Stb, [2 Stb, 2 Lm, 2 Stb] in eine Ecke, *12 Stb, [2 Stb, 2 Lm, 2 Stb] in eine Ecke, wdh ab * noch 2x, 6 Stb, mit 1 Km mit der obersten der ersten 3 Lm verbinden (64).

Runde 6: 3 Lm, 7 Stb, [2 Stb, 2 Lm, 2 Stb] in eine Ecke, *16 Stb, [2 Stb, 2 Lm, 2 Stb] in eine Ecke, wdh ab * noch 2x, 8 Stb, mit 1 Km mit der obersten der ersten 3 Lm verbinden (80).

Runde 7: Farbwechsel zu Garn C, 2 Lm (zählt als hStb), 9 hStb, [2 hStb, 2 Lm, 2 hStb] in eine Ecke, *20 hStb, [2 hStb, 2 Lm, 2 hStb] in eine Ecke, wdh ab * noch 2x, 10 hStb, mit 1 Km mit der obersten der ersten 2 Lm verbinden (96).

Beenden und vernähen.

OHR (2X)

Ausschließlich ins vMg arbeiten, Faden in Farbe A in Rd 3 in der 13. M anketten (M direkt vor der Ecke), 5 hStb in die nächste M, mit 1 Km in die nächste M beenden.

Faden abschneiden und vernähen.

Für das zweite Ohr wiederholen, Faden in Rd 3 in der 22. M anketten (M direkt vor der Ecke).

SCHNAUZE

Verwende Garn D, häkle 4 Lm.

Runde 1: (Die ersten 3 Lm zählen durchgehend als Stb), 11 Stb in 4. M von der Nadel aus, mit 1 Km mit der obersten der ersten 3 Lm verbinden (12).

Faden lang abschneiden, um später die Schnauze anzunähen.

FERTIGSTELLUNG

Verwende Garn E für das normale Farbschema oder Garn F für die Alternative. Sticke damit eine dreieckige Nase auf die Schnauze. Nähe die Schnauze mithilfe des Fadenendes an. Sticke mit Garn F zwei Augen in Rd 2 auf.

Vernähe alle Fädenenden.

Durch die Verwendung eines anderen Farbschemas kannst du einen Eisbären häkeln!

SCHWEIN

WAS DU BRAUCHST

Kleine Mengen von DK (8-fädrig/Light) Acrylgarn in Rosa (A), Hellgrün (B), Creme (C) und Schwarz (D)

ANLEITUNG

SCHWEIN-HÄKELQUADRAT

Verwende Garn A, häkle 4 Lm.

Runde 1: (Die ersten 3 Lm zählen durchgehend als Stb), 11 Stb in die 4. M von der Nadel aus, mit 1 Km mit der obersten der ersten 3 Lm verbinden (12).

Runde 2: Ausschließlich ins hMg arbeiten, 3 Lm, 1 Stb in die 1. M, 2 Stb in jede M der Rd, mit 1 Km mit der obersten der ersten 3 Lm verbinden (24).

Runde 3: 3 Lm, 2 Stb in die nächste M, (1 Stb, 2 Stb in die nächste M) x11, mit 1 Km mit der obersten der ersten 3 Lm verbinden (36).

Runde 4: Farbwechsel zu Garn B, ausschließlich ins hMg arbeiten, 1 Lm (zählt nicht als M), *2 fM, 2 hStb, [2 Stb, 2 Lm, 2 Stb] in die nächste M, 2 hStb, 2 fM, wdh ab * noch 3x, mit 1 Km oben mit der 1. M verbinden (48).

Runde 5: 3 Lm, 5 Stb, [2 Stb, 2 Lm, 2 Stb] in eine Ecke, *12 Stb, [2 Stb, 2 Lm, 2 Stb] in eine Ecke, wdh ab * noch 2x, 6 Stb, mit 1 Km mit der obersten der ersten 3 Lm verbinden (64).

Runde 6: 3 Lm, 7 Stb, [2 Stb, 2 Lm, 2 Stb] in eine Ecke, *16 Stb, [2 Stb, 2 Lm, 2 Stb] in eine Ecke, wdh ab * noch 2x, 8 Stb, mit 1 Km mit der obersten der ersten 3 Lm verbinden (80).

Runde 7: Farbwechsel zu Garn C, 2 Lm (zählen als hStb), 9 hStb, [2 hStb, 2 Lm, 2 hStb] in eine Ecke, *20 hStb, [2 hStb, 2 Lm, 2 hStb] in eine Ecke, wdh ab * noch 2x, 10 hStb, mit 1 Km mit der obersten der ersten 2 Lm verbinden (96).

Beenden und vernähen.

OHR (2X)

Ausschließlich ins vMg arbeiten, Faden in Garn A in Rd 3 in der 13. M anketten (M direkt vor der Ecke), 2 Lm, 2 Stb zus abn über die nächsten 2 M.

Faden lang abschneiden, um später die Spitze des Ohrs anzunähen. (Wenn du einen dreidimensionaleren Effekt haben möchtest, kannst du die Spitze auch einfach so lassen.)

Für das zweite Ohr wiederholen, Faden in Rd 3 in der 22. M anketten (M direkt vor der Ecke).

SCHNAUZE

Ausschließlich ins vMg arbeiten, Faden in Garn A an der 1. M in Rd 1 anketten, (1 fM, 2 fM in die nächste M) x6, mit 1 Km oben mit der 1. M verbinden (18).

Beenden und vernähen.

FERTIGSTELLUNG

Verwende Garn D, um zwei Augen in Rd 2 aufzusticken.

Optional: Verwende die Garnenden, um die Spitzen der Ohren anzunähen.

Vernähe alle Fadenenden.

GETIGERTE KATZE

WAS DU BRAUCHST

Kleine Mengen von DK (8-fädrig/Light) Acrylgarn in Beige (A), Dunkelbraun (B), Creme (C), Hellgelb (D) und Schwarz (E)

ANLEITUNG

HÄKELQUADRAT FÜR DIE GETIGERTE KATZE

Verwende Garn A, häkle 4 Lm.

Runde 1: (Die ersten 3 Lm zählen durchgehend als Stb), 11 Stb in die 4. M von der Nadel, mit 1 Km mit der obersten der ersten 3 Lm verbinden (12).

Runde 2: 3 Lm, 1 Stb in die 1. M, 2 Stb in jede M der Rd, mit 1 Km mit der obersten der ersten 3 Lm verbinden (24).

Runde 3: 3 Lm, 1 Stb in die nächste M, Farbwechsel zu Garn B, dabei Garn A nicht abschneiden, sondern das nicht verwendete Garn hinter der Häkelarbeit entlangführen, 1 Stb in dieselbe M wie zuletzt, (Wechsel zu Garn A, 2 Stb, Wechsel zu Garn B, 1 Stb in dieselbe M wie zuletzt) x11, mit 1 Km mit der obersten der ersten 3 Lm verbinden (36).

Runde 4: Farbwechsel zu Garn C, ausschließlich ins hMg arbeiten, 1 Lm (zählt nicht als M), *2 fM, 2 hStb, [2 Stb, 2 Lm, 2 Stb] in die nächste M, 2 hStb, 2 fM, wdh ab * noch 3x, mit 1 Km oben mit der 1. M verbinden (48).

Runde 5: 3 Lm, 5 Stb, [2 Stb, 2 Lm, 2 Stb] in eine Ecke, *12 Stb, [2 Stb, 2 Lm, 2 Stb] in eine Ecke, wdh ab * noch 2x, 6 Stb, mit 1 Km mit der obersten der ersten 3 Lm verbinden (64).

Runde 6: 3 Lm, 7 Stb, [2 Stb, 2 Lm, 2 Stb] in eine Ecke, *16 Stb, [2 Stb, 2 Lm, 2 Stb] in eine Ecke, wdh ab * noch 2x, 8 Stb, mit 1 Km mit der obersten der ersten 3 Lm verbinden (80).

Runde 7: Farbwechsel zu Garn D, 2 Lm (zählen als hStb), 9 hStb, [2 hStb, 2 Lm, 2 hStb] in eine Ecke, *20 hStb, [2 hStb, 2 Lm, 2 hStb] in eine Ecke, wdh ab * noch 2x, 10 hStb, mit 1 Km mit der obersten der ersten 2 Lm verbinden (96).

Beenden und vernähen.

OHR (2X)

Ausschließlich ins vMg häkeln, Faden in Farbe A in Rd 3 in der 13. M anketten (M direkt vor der Ecke), 2 Lm, 2 Stb zus abn über die nächsten 2 M.

Faden lang abschneiden und durch die Schlaufe auf der Nadel ziehen, um später die Spitze des Ohrs anzunähen. (Wenn du einen dreidimensionaleren Effekt haben möchtest, kannst du die Spitze auch einfach so lassen.)

Für das zweite Ohr wiederholen, Faden in Rd 3 in der 22. M anketten (M direkt vor der Ecke).

FERTIGSTELLUNG

Verwende Garn E, um zwei Augen (in Rd 2 direkt unterhalb der inneren Ecke der Ohren), eine Nase und Schnurrhaare aufzusticken, so wie es auf dem Foto gezeigt wird.

Optional: Verwende die Garnenden, um die Spitzen der Ohren nach unten zu vernähen.

Vernähe alle Fadenenden.

SCHWARZE KATZE

WAS DU BRAUCHST

Kleine Mengen von DK (8-fädrig/Light) Acrylgarn in Weiß (A), Schwarz (B), Blassgelb (C), Rosa (D) und Hellgrün (E)

ANLEITUNG

HÄKELQUADRAT FÜR DIE SCHWARZE KATZE

Verwende Garn A, häkle 4 Lm.

Runde 1: (Die ersten 3 Lm zählen durchgehend als Stb), 1 Stb in die 4. M von der Nadel aus, Farbwechsel zu Garn B, Faden von Garn A nicht abschneiden, sondern das nicht verwendete Garn hinter der Häkelarbeit entlangführen, 10 Stb in dieselbe M, mit 1 Km mit der obersten der ersten 3 Lm verbinden (12).

Runde 2: Farbwechsel zu Garn A, 3 Lm, 1 Stb in die erste M, 2 Stb in die nächste M, Farbwechsel zu Garn B, 2 Stb in jede M der Rd, mit 1 Km mit der obersten der ersten 3 Lm verbinden (24).

Runde 3: Farbwechsel zu Garn A, 3 Lm, 2 Stb in die nächste M, 1 Stb, 2 Stb in die nächste M, Farbwechsel zu Garn B, (1 Stb, 2 Stb in die nächste M) x10, mit 1 Km mit der obersten der ersten 3 Lm verbinden (36).

Beenden und vernähen.

Runde 4: Garn C in Rd 3 in der 4. M anketten (untere Mitte des Gesichts), ausschließlich ins hMg arbeiten, Rd 4 der getigerten Katze wdh - siehe Seite 19 (48).

Runden 5-7: Wdh Rd 5-7 der getigerten Katze (siehe Seite 19).

Beenden und vernähen.

OHR (2X)

Verwende Garn B und häkle die Ohren wie bei der getigerten Katze (siehe Seite 19).

FERTIGSTELLUNG

Verwende Garn A, um Schnurrhaare aufzusticken.

Verwende Garn D für das Aufsticken der Nase.

Verwende Garn E, um zwei Augen in Rd 2 aufzusticken.

Optional: Verwende die Garnenden, um die Spitzen der Ohren nach unten zu vernähen.

Vernähe alle Fadenenden.

SCHNAUZER

WAS DU BRAUCHST

Kleine Mengen von DK (8-fädrig/Light) Acrylgarn in Grau (A), Hellblau (B), Sonnengelb (C), Weiß (D) und Schwarz (E)

ANLEITUNG

SCHNAUZER-HÄKELQUADRAT

Verwende Garn A, häkle 4 Lm.

Runde 1: (Die ersten 3 Lm zählen durchgehend als Stb), 11 Stb in die 4. Lm von der Nadel aus, mit 1 Km mit der obersten der ersten 3 Lm verbinden (12).

Runde 2: 3 Lm, 1 Stb in die 1. M, 2 Stb in jede M der Rd, mit 1 Km mit der obersten der ersten 3 Lm verbinden (24).

Runde 3: 3 Lm, 2 Stb in die nächste M, (1 Stb, 2 Stb in die nächste M) x11, mit 1 Km mit der obersten der ersten 3 Lm verbinden (36).

Runde 4: Farbwechsel zu Garn B, ausschließlich ins hMg arbeiten, 1 Lm (zählt nicht als M), *2 fM, 2 hStb, [2 Stb, 2 Lm, 2 Stb] in die nächste M, 2 hStb, 2 fM, wdh ab * noch 3x, mit 1 Km oben mit der 1. M verbinden (48).

Runde 5: 3 Lm, 5 Stb, [2 Stb, 2 Lm, 2 Stb] in eine Ecke, *12 Stb, [2 Stb, 2 Lm, 2 Stb] in eine Ecke, wdh ab * noch 2x, 6 Stb, mit 1 Km mit der obersten der ersten 3 Lm verbinden (64).

Runde 6: 3 Lm, 7 Stb, [2 Stb, 2 Lm, 2 Stb] in eine Ecke, *16 Stb, [2 Stb, 2 Lm, 2 Stb] in eine Ecke, wdh ab * noch 2x, 8 Stb, mit 1 Km mit der obersten der ersten 3 Lm verbinden (80).

Runde 7: Farbwechsel zu Garn C, 2 Lm (zählt als hStb), 9 hStb, [2 hStb, 2 Lm, 2 hStb] in eine Ecke, *20 hStb, [2 hStb, 2 Lm, 2 hStb] in eine Ecke, wdh ab * noch 2x, 10 hStb, mit 1 Km mit der obersten der ersten 2 Lm verbinden (96).

Beenden und vernähen.

OHR (2X)

Ausschließlich ins vMg arbeiten, Garn A in Rd 3 in der 13. M anketten (M direkt vor der Ecke), 7 Lm (die ersten 3 Lm zählen als Stb), 1 Stb in die 4. M von der Nadel aus, 3 DStb, 2 M in Rd 3 üspr, 1 Km in die nächste M (5).

Beenden und vernähen.

Für das zweite Ohr wiederholen, Faden in Rd 3 in der 21. M anketten (die letzten 2 M vor der Ecke).

AUGENBRAUE (2X)

Verwende Garn D, häkle 3 Lm.

Reihe 1: 1 fM in die 2. M von der Nadel aus, 1 fM (2).

Faden lang abschneiden und durch die Schlaufe auf der Nadel ziehen, um später die Augenbraue anzunähen.

BART

Verwende Garn D, häkle 4 Lm.

Reihe 1: (Die ersten 3 Lm zählen durchgehend als Stb), 5 Stb in die 4. M von der Nadel aus, wenden (6).

Reihe 2: 3 Lm, 1 Stb in die 1. M, 2 Stb in jede M der Rd, nicht wenden, sondern das Häkelquadrat um 90 Grad im Uhrzeigersinn drehen (12).

Reihe 3: 4 Lm (zählen als DStb), 12 DStb gleichmäßig an der geraden Kante bis zum Ende (13).

Faden lang abschneiden und durch die Schlaufe auf der Nadel ziehen, um später den Bart anzunähen.

NASE

Verwende Garn E, häkle 2 Lm.

Runde 1: 4 fM in die 2. M von der Nadel aus, mit 1 Km oben mit der 1. M verbinden (4).

Faden lang abschneiden, um später die Nase anzunähen.

FERTIGSTELLUNG

Verwende die Garnenden und nähe die Barthaare, die Nase und die Augenbrauen an.

Verwende Garn E, um zwei Augen in Rd 2 aufzusticken.

Vernähe alle Fadenenden.

KANINCHEN

WAS DU BRAUCHST

Kleine Mengen von DK (8-fädrig/Light) Acrylgarn in Weiß (A), Grau (B), Hellgrün (C), Rosa (D) und Schwarz (E)

ANLEITUNG

KANINCHEN-HÄKELQUADRAT

Verwende Garn A, häkle 4 Lm.

Runde 1: (Die ersten 3 Lm zählen durchgehend als Stb), 11 Stb in die 4. Lm von der Nadel aus, mit 1 Km mit der obersten der ersten 3 Lm verbinden (12).

Runde 2: Farbwechsel zu Garn B, 3 Lm, 1 Stb in die 1. M, 2 Stb in jede M der Rd, mit 1 Km mit der obersten der ersten 3 Lm verbinden (24).

Runde 3: 3 Lm, 2 Stb in die nächste M, (1 Stb, 2 Stb in die nächste M) x11, mit 1 Km mit der obersten der ersten 3 Lm verbinden (36).

Runde 4: Farbwechsel zu Garn C, ausschließlich ins hMg arbeiten, 1 Lm (zählt nicht als M), *2 fM, 2 hStb, [2 Stb, 2 Lm, 2 Stb] in die nächste M, 2 hStb, 2 fM, wdh ab * noch 3x, mit 1 Km oben mit der 1. M verbinden (48).

Runde 5: 3 Lm, 5 Stb, [2 Stb, 2 Lm, 2 Stb] in eine Ecke, *12 Stb, [2 Stb, 2 Lm, 2 Stb] in eine Ecke, wdh ab * noch 2x, 6 Stb, mit 1 Km mit der obersten der ersten 3 Lm verbinden (64).

Runde 6: 3 Lm, 7 Stb, [2 Stb, 2 Lm, 2 Stb] in eine Ecke, *16 Stb, [2 Stb, 2 Lm, 2 Stb] in eine Ecke, wdh ab * noch 2x, 8 Stb, mit 1 Km mit der obersten der ersten 3 Lm verbinden (80).

Runde 7: Farbwechsel zu Garn D, 2 Lm (zählen als hStb), 9 hStb, [2 hStb, 2 Lm, 2 hStb] in eine Ecke, *20 hStb, [2 hStb, 2 Lm, 2 hStb] in eine Ecke, wdh ab * noch 2x, 10 hStb, mit 1 Km mit der obersten der ersten 2 Lm verbinden (96).

Beenden und vernahen.

OHR (2X)

Verwende Garn D, häkle 7 Lm.

Reihe 1: 1 fM in die 2. M von der Nadel aus, 3 hStb, 2 fM, wenden (6).

Reihe 2: Farbwechsel zu Garn B, 1 Lm (zählt nicht als M), 5 fM, 3 fM in die letzte M, wenden, um in die Unterseite der allerersten Lm zu häkeln, 6 fM (14).

Faden lang abschneiden und durch die Schlaufe auf der Nadel ziehen, um später das Ohr anzunähen.

FERTIGSTELLUNG

Verwende die Fadenenden, um die Ohren anzuhäkeln.

Verwende Garn D und sticke ein »X« für die Nase auf.

Verwende Garn E, um zwei Augen in Rd 2 aufzusticken.

Vernähe alle Fadenenden.

REH

WAS DU BRAUCHST

Kleine Mengen von DK (8-fädrig/Light) Acrylgarn in Beige (A), Hellgrün (B), Azurblau (C), Braun (D), Dunkelbraun (E) und Schwarz (F)

Alternatives Farbschema (für das Rehkitz): Kleine Mengen von DK (8-fädrig/ Light) Acrylgarn in Creme (A), Rosa (B), Sonnengelb (C), Beige (D), Dunkelbraun (E) und Schwarz (F)

ANLEITUNG

REH-HÄKELQUADRAT

Verwende Garn A, häkle 4 Lm.

Runde 1: (Die ersten 3 Lm zählen durchgehend als Stb), 11 Stb in die 4. Lm von der Nadel aus, mit 1 Km mit der obersten der ersten 3 Lm verbinden (12).

Runde 2: 3 Lm, 1 Stb in die 1. M, 2 Stb in jede M der Rd, mit 1 Km mit der obersten der ersten 3 Lm verbinden (24).

Runde 3: 3 Lm, 2 Stb in die nächste M, (1 Stb, 2 Stb in die nächste M) x11, mit 1 Km mit der obersten der ersten 3 Lm verbinden (36).

Runde 4: Farbwechsel zu Garn B, ausschließlich ins hMg arbeiten, 1 Lm (zählt nicht als M), *2 fM, 2 hStb, [2 Stb, 2 Lm, 2 Stb] in die nächste M, 2 hStb, 2 fM, wdh ab * noch 3x, mit 1 Km oben mit der 1. M verbinden (48).

Runde 5: 3 Lm, 5 Stb, [2 Stb, 2 Lm, 2 Stb] in eine Ecke, *12 Stb, [2 Stb, 2 Lm, 2 Stb] in eine Ecke, wdh ab * noch 2x, 6 Stb, mit 1 Km mit der obersten der ersten 3 Lm verbinden (64).

Runde 6: 3 Lm, 7 Stb, [2 Stb, 2 Lm, 2 Stb] in eine Ecke, *16 Stb, [2 Stb, 2 Lm, 2 Stb] in eine Ecke, wdh ab * noch 2x, 8 Stb, mit 1 Km mit der obersten der ersten 3 Lm verbinden (80).

Runde 7: Farbwechsel zu Garn C, 2 Lm (zählen als hStb), 9 hStb, [2 hStb, 2 Lm, 2 hStb] in eine Ecke, *20 hStb, [2 hStb, 2 Lm, 2 hStb] in eine Ecke, wdh ab * noch 2x, 10 hStb, mit 1 Km mit der obersten der ersten 2 Lm verbinden (96).

Beenden und vernähen.

STIRN

Verwende Garn D, häkle 4 Lm.

Reihe 1: (Die ersten 3 Lm zählen durchgehend als Stb), 3 Stb in die 4. M von der Nadel aus, wenden (4).

Reihe 2: 3 Lm, 1 Stb in die 1. M, 2 Stb in jede M der Rd, wenden (8).

Reihe 3: 3 Lm, 2 Stb in die nächste M, (1 Stb, 2 Stb in die nächste M) x3 (12).

Faden lang abschneiden und durch die Schlaufe auf der Nadel ziehen, um später die Stirn anzunähen.

Indem du das Reh in einer anderen Farbgebung häkelst und das Geweih weglässt, erhältst du ein süßes Rehkitz!

OHR (2X)

Verwende Garn D, häkle 4 Lm.

Reihe 1: 1 fM in die 2. Lm von der Nadel aus, 1 hStb, 1 fM, 1 Km in dieselbe M (3).

Faden lang abschneiden und durch die Schlaufe auf der Nadel ziehen, um später die Ohren anzunähen.

GEWEIH (2X)

Verwende Garn E, 2 Lm, *3 Lm, 1 Km in die 2. Lm von der Nadel aus, 1 Km, wdh ab * noch 2x, 1 Km in jede der ersten 2 Lm.

Faden lang abschneiden und durch die Schlaufe auf der Nadel ziehen, um das Geweih anzunähen.

NASE

Verwende Garn E, häkle 2 Lm.

Runde 1: 4 fM in die 2. M von der Nadel aus, mit 1 Km oben mit der 1. M verbinden (4).

Faden lang abschneiden und durch die Schlaufe auf der Nadel ziehen, um später die Nase anzunähen.

FERTIGSTELLUNG

Nähe Stirn, Ohren, Nase und Geweih mithilfe der Fadenenden an (lasse das Geweih bei alternativem Farbschema weg). Sticke mit Garn A Punkte in kleinen Stichen auf die Stirn. Verwende Garn F, um zwei Augen in Rd 2 aufzusticken.

Vernähe alle Fadenenden.

PINGUIN

WAS DU BRAUCHST

Kleine Mengen von DK (8-fädrig/Light) Acrylgarn in Weiß (A), Schwarz (B), Hellblau (C), Grau (D) und Orange (E)

ANLEITUNG

PINGUIN

Verwende Garn A, häkle 4 Lm.

Runde 1: (Die ersten 3 Lm zählen durchgehend als Stb), 11 Stb in die 4. Lm von der Nadel aus, mit 1 Km mit der obersten der ersten 3 Lm verbinden (12).

Runde 2: 3 Lm, 1 Stb in die 1. M, 2 Stb in jede M der Rd, mit 1 Km mit der obersten der ersten 3 Lm verbinden (24).

Runde 3: Farbwechsel zu Garn B, 3 Lm, 2 Stb in die nächste M, (1 Stb, 2 Stb in die nächste M) 11x, mit 1 Km mit der obersten der ersten 3 Lm verbinden (36).

Runde 4: Farbwechsel zu Garn C, ausschließlich ins hMg arbeiten, 1 Lm (zählt nicht als M), *2 fM, 2 hStb, [2 Stb, 2 Lm, 2 Stb] in die nächste M, 2 hStb, 2 fM, wdh ab * noch 3x, mit 1 Km oben mit der 1. M verbinden (48).

Runde 5: 3 Lm, 5 Stb, [2 Stb, 2 Lm, 2 Stb] in eine Ecke, *12 Stb, [2 Stb, 2 Lm, 2 Stb] in eine Ecke, wdh ab * noch 2x, 6 Stb, mit 1 Km mit der obersten der ersten 3 Lm verbinden (64).

Runde 6: 3 Lm, 7 Stb, [2 Stb, 2 Lm, 2 Stb] in eine Ecke, *16 Stb, [2 Stb, 2 Lm, 2 Stb] in eine Ecke, wdh ab * noch 2x, 8 Stb, mit 1 Km mit der obersten der ersten 3 Lm verbinden (80).

Runde 7: Farbwechsel zu Garn D, 2 Lm (zählen als hStb), 9 hStb, [2 hStb, 2 Lm, 2 hStb] in eine Ecke, *20 hStb, [2 hStb, 2 Lm, 2 hStb] in eine Ecke, wdh ab * noch 2x, 10 hStb, mit 1 Km mit der obersten der ersten 2 Lm verbinden (96).

Beenden und vernähen.

KOPF

Verwende Garn A, häkle 4 Lm.

Reihe 1: (Die ersten 3 M zählen als 1 Stb), 7 Stb in die 4. M von der Nadel aus, wenden (8).

Reihe 2: Verwende Garn B, 2 Lm (zählen als 1 Stb), 1 hStb in die 1. M, 2 hStb in jede der nächsten 3 M, häkle 1 erweitertes Stb, indem du die Nadel in die Anfangs-Lm statt in die M darunter in Reihe 1 einstichst, 2 hStb in jede der nächsten 4 M (17).

Faden lang abschneiden und durch die Schlinge auf der Nadel ziehen, um später den Kopf anzunähen.

SCHNABEL

Verwende Garn E, häkle 2 Lm.

Runde 1: 6 fM in die 2. M von der Nadel aus, mit 1 Km oben mit der 1. M verbinden (6).

Faden lang abschneiden, um später den Schnabel anzunähen.

FLÜGEL BZW. FLOSSE (2X)

Verwende Garn B, häkle 7 Lm.

Reihe 1: 1 fM in die 2. Lm von der Nadel aus, 1 hStb, 2 Stb, 1 hStb, 1 fM, 1 Km in dieselbe M (6).

Faden abschneiden, um später den Flügel bzw. die Flosse anzunähen.

FUSS (2X)

Auschließlich ins hMg arbeiten, Garn E in Rd 3 in der 3. M anketten, 2 Lm, 1 hStb in dieselbe M, 1 hStb in die nächste M, 2 Lm, 1 Km in dieselbe M.

Faden abschneiden.

Für den zweiten Fuß wiederholen, Faden in Rd 3 in der 33. M anketten.

FERTIGSTELLUNG

Verwende die Fadenenden, um den Kopf und die Flügel anzunähen.

Sticke mit Garn B zwei Augen auf.

Forme den Schnabel kuppelförmig und nähe ihn mithilfe des Fadenendes fest.

Vernähe alle Fadenenden.

SCHAF

WAS DU BRAUCHST

Kleine Mengen von DK (8-fädrig/Light) Acrylgarn in Grau (A), Creme (B), Rosa (C), Grün (D) und Schwarz (E)

ANLEITUNG

SCHAF-HÄKELQUADRAT

Verwende Garn A, häkle 4 Lm.

Runde 1: (Die ersten 3 Lm zählen durchgehend als Stb), 11 Stb in die 4. M von der Nadel aus, mit 1 Km mit der obersten der ersten 3 Lm verbinden (12).

Runde 2: 1 Lm, (1 fM, 2 fM in die nächste M) x6, mit 1 Km oben mit der 1. M verbinden (18).

Runde 3: Farbwechsel zu Garn B, ausschließlich ins hMg arbeiten, 2 Lm (zählen als 1 Stb in der ersten hStb-Pop), (1 hStb-Pop, 2 Lm) in jede M der Rd, mit 1 Km oben mit der 1. M verbinden (18 M, 18 Lm).

Runde 4: 1 Km in die 1. Lm, 3 Lm (zählen als 1. Stb in der 1. Stb-Pop), (1 Stb-Pop, 2 Lm) in jede Lm der Rd, mit 1 Km oben mit der 1. M verbinden (18 M, 18 Lm).

Runde 5: Farbwechsel zu Garn C, arbeite in jede Stb-Pop und Lmk der Rd, 1 Lm (zählt nicht als M), *2 fM, 2 hStb, [2 Stb, 2 Lm, 2 Stb] in die nächste M, 2 hStb, 2 fM, wdh ab * noch 3x, mit 1 Km oben mit der 1. M verbinden (48).

Runde 6: 3 Lm, 5 Stb, [2 Stb, 2 Lm, 2 Stb] in eine Ecke, *12 Stb, [2 Stb, 2 Lm, 2 Stb] in eine Ecke, wdh ab * noch 2x, 6 Stb, mit 1 Km mit der obersten der ersten 3 Lm verbinden (64).

Runde 7: 3 Lm, 7 Stb, [2 Stb, 2 Lm, 2 Stb] in eine Ecke, *16 Stb, [2 Stb, 2 Lm, 2 Stb] in eine Ecke, wdh ab * noch 2x, 8 Stb, mit 1 Km mit der obersten der ersten 3 Lm verbinden (80).

Runde 8: Farbwechsel zu Garn D, 2 Lm (zählen als hStb), 9 hStb, [2 hStb, 2 Lm, 2 hStb] in eine Ecke, *20 hStb, [2 hStb, 2 Lm, 2 hStb] in eine Ecke, wdh ab * noch 2x, 10 hStb, mit 1 Km mit der obersten der ersten 2 Lm verbinden (96).

Beenden und vernähen.

OHR (2X)

Verwende Garn A, häkle 2 Lm.

Reihe 1: 3 fM in die 2. Lm von der Nadel aus (3).

Faden lang abschneiden und durch die Schlaufe auf der Nadel ziehen, um später das Ohr anzunähen.

BEIN (2X)

Verwende Garn A, häkle 5 Lm.

Reihe 1: (Die ersten 2 Lm zählen als hStb), 1 hStb in die 3. Lm von der Nadel aus, 2 hStb (4).

Faden lang abschneiden und durch die Schlaufe auf der Nadel ziehen, um später das Bein anzunähen.

FERTIGSTELLUNG

Nähe die Ohren und die Beine mithilfe der Fadenenden an.

Verwende Garn E, um in Rd 1 zwei Augen aufzusticken.

Vernähe alle Fadenenden.

BESONDERE HÄKELTECHNIKEN

hStb-Pop: Popcornmasche aus halben Stäbchen

Stb-Pop: Popcornmasche aus Stäbchen

LÖWE

WAS DU BRAUCHST

Kleine Mengen von DK (8-fädrig/Light) Acrylgarn in Sonnengelb (A), Orange (B), Grau (C), Grün (D), Blassgelb (E), Dunkelbraun (F) und Schwarz (G)

ANLEITUNG

LÖWE-HÄKELQUADRAT

Verwende Garn A, häkle 4 Lm.

Runde 1: (Die ersten 3 Lm zählen durchgehend als Stb), 11 Stb in die 4. M von der Nadel aus, mit 1 Km mit der obersten der ersten 3 Lm verbinden (12).

Runde 2: 3 Lm, 1 Stb in die 1. M, 2 Stb in jede M der Rd, mit 1 km mit der obersten der ersten 3 Lm verbinden (24).

Runde 3: 2 Lm (zählen als hStb), 2 hStb in die nächste M, (1 hStb, 2 hStb in die nächste M) 11x, mit 1 Km mit der obersten der ersten 2 Lm verbinden (36).

Runde 4: Farbwechsel zu Garn B, ausschließlich ins hMg arbeiten, 1 Lm, 1 fM in jede M der Rd, mit 1 Km oben mit der 1. M verbinden.

Runde 5: Farbwechsel zu Garn C, ausschließlich ins hMg arbeiten, 1 Lm (zählt nicht als M), *2 fM, 2 hStb, [2 Stb, 2 Lm, 2 Stb] in die nächste M, 2 hStb, 2 fM, wdh ab * noch 3x, mit 1 Km oben mit der 1. M verbinden (48).

Runde 6: 3 Lm, 5 Stb, [2 Stb, 2 Lm, 2 Stb] in eine Ecke, *12 Stb, [2 Stb, 2 Lm, 2 Stb] in eine Ecke, wdh ab * noch 2x, 6 Stb, mit 1 Km mit der obersten der ersten 3 Lm verbinden (64).

Runde 7: 3 Lm, 7 Stb, [2 Stb, 2 Lm, 2 Stb] in eine Ecke, *16 Stb, [2 Stb, 2 Lm, 2 Stb] in eine Ecke, wdh ab * noch 2x, 8 Stb, mit 1 Km mit der obersten der ersten 3 Lm verbinden (80).

Runde 8: Farbwechsel zu Garn D, 2 Lm (zählen als hStb), 9 hStb, [2 hStb, 2 Lm, 2 hStb] in eine Ecke, *20 hStb, [2 hStb, 2 Lm, 2 hStb] in eine Ecke, wdh ab * noch 2x, 10 hStb, mit 1 Km mit der obersten der ersten 2 Lm verbinden (96).

Beenden und vernähen.

MÄHNE

Garn B in Rd 4 an der 1. M anketten, ausschließlich in die vMg der unbehäkelten Schlaufen zwischen Rd 4 und Rd 5 arbeiten, 1 Schlm in jede M der Rd, mit 1 Km oben mit der 1. M verbinden (36).

Beenden und vernähen.

OBERER NASENRÜCKEN

Verwende Garn E, häkle 7 Lm.

Reihe 1: (Die ersten 2 Lm zählen als hStb), 1 hStb in die 3. Lm von der Nadel aus, 2 Stb, 2 DStb (6).

Faden lang abschneiden und durch die Schlaufe auf der Nadel ziehen, um später den Nasenrücken anzunähen.

FERTIGSTELLUNG

Nähe den Nasenrücken mithilfe des Fadenendes an.

Verwende Garn F, um eine Nase und einen Mund aufzusticken.

Verwende Garn G, um zwei Augen in Rd 2 aufzusticken .

Vernähe alle Fadenenden.

BESONDERE HÄKELTECHNIK

Schlm: Schlingmaschen

GIRAFFE

WAS DU BRAUCHST

Kleine Mengen von DK (8-fädrig/Light) Acrylgarn in Blassgelb (A), Blau (B), Orange (C), Braun (D), Dunkelbraun (E) und Schwarz (F)

BESONDERE HÄKELTECHNIK

Stb-Cl: Stäbchen-Cluster

ANLEITUNG

GIRAFFE-HÄKELQUADRAT

Verwende Garn A, häkle 4 Lm.

Runde 1: (Die ersten 3 Lm zählen durchgehend als Stb), 11 Stb in die 4. Lm von der Nadel aus, mit 1 Km mit der obersten der ersten 3 Lm verbinden (12).

Runde 2: 3 Lm, 1 Stb in die 1. M, 2 Stb in jede M der Rd, mit 1 Km mit der obersten der ersten 3 Lm verbinden (24).

Runde 3: 3 Lm, 2 Stb in die nächste M, (1 Stb, 2 Stb in die nächste M) x11, mit 1 Km mit der obersten der ersten 3 Lm verbinden (36).

Runde 4: Farbwechsel zu Garn B, ausschließlich ins hMg arbeiten, 1 Lm (zählt nicht als M), *2 fM, 2 hStb, [2 Stb, 2 Lm, 2 Stb] in die nächste M, 2 hStb, 2 fM, wdh ab * noch 3x, mit 1 Km oben mit der 1. M verbinden (48).

Runde 5: 3 Lm, 5 Stb, [2 Stb, 2 Lm, 2 Stb] in eine Ecke, *12 Stb, [2 Stb, 2 Lm, 2 Stb] in eine Ecke, wdh ab * noch 2x, 6 Stb, mit 1 Km mit der obersten der ersten 3 Lm verbinden (64).

Runde 6: 3 Lm, 7 Stb, [2 Stb, 2 Lm, 2 Stb] in eine Ecke, *16 Stb, [2 Stb, 2 Lm, 2 Stb] in eine Ecke, wdh ab * noch 2x, 8 Stb, mit 1 Km mit der obersten der ersten 3 Lm verbinden (80).

Runde 7: Farbwechsel zu Garn C, 2 Lm (zählen als hStb), 9 hStb, [2 hStb, 2 Lm, 2 hStb] in eine Ecke, *20 hStb, [2 hStb, 2 Lm, 2 hStb] in eine Ecke, wdh ab * noch 2x, 10 hStb, mit 1 Km mit der obersten der ersten 2 Lm verbinden (96).

Beenden und vernähen.

FLECK AUF DER STIRN

Verwende Garn D, häkle 2 Lm.

Runde 1: 6 fM in die 2. Lm von der Nadel aus, mit 1 Km oben mit der 1. M verbinden (6).

Faden lang abschneiden, um später den Fleck auf der Stirn anzunähen.

FLECK AUF DER WANGE (2X)

Verwende Garn D, häkle 2 Lm.

Reihe 1: 4 fM in die 2. Lm von der Nadel aus (4).

Faden lang abschneiden und durch die Schlaufe auf der Nadel ziehen, um später die Wangenflecken anzunähen.

OHR (2X)

Ausschließlich ins vMg arbeiten, Garn A in Rd 3 an der 13. M anketten (M direkt vor der Ecke), 4 Lm (die ersten 2 Lm zählen als hStb), 1 hStb in die 3. Lm von der Nadel aus, 1 hStb, mit 1 Km mit der nächsten M in Rd 3 verbinden (3).

Faden lang abschneiden, um später die Ohrspitze anzunähen. (Wenn du einen dreidimensionaleren Effekt haben möchtest, kannst du das Ohr auch einfach so lassen.)

Für das zweite Ohr wiederholen, Faden in Rd 3 an der 23. M anketten (M in der Ecke).

STIRNZAPFEN (2X)

Ausschließlich ins vMg arbeiten, Garn D in Rd 3 an der 15. M anketten (M links des Ohrs), 5 Lm, 1 Stb-Cl in die 3. Lm von der Nadel aus, 2 fM, mit 1 Km mit der nächsten M in Rd 3 verbinden.

Faden abschneiden, um später die Stirnzapfen anzunähen.

Für den zweiten Stirnzapfen wiederholen, Faden in Rd 3 an der 21. M anketten (2 M vor dem zweiten Ohr).

NASE

Verwende Garn E, häkle 6 Lm.

Runde 1: (Die ersten 3 Lm zählen als Stb), 2 Stb in 4. Lm von der Nadel aus, 1 Stb, 6 Stb in die letzte Lm, in die Unterseite der Lmk arbeiten, 1 Stb in die nächste Lm, 3 Stb in dieselbe Lm wie die ersten 2 Stb, mit 1 Km mit der obersten der ersten 3 LM verbinden (14).

Faden lang abschneiden, um später die Nase anzunähen.

FERTIGSTELLUNG

Optional: Verwende die Fadenenden, um die Ohrspitzen anzunähen.

Nähe die Stirnzapfen mithilfe der Fadenenden an.

Verwende die Fadenenden, um die Flecken und die Nase anzunähen, so wie es im Foto gezeigt wird. Mit Garn D stickst du zwei kleine Stiche für jedes Nasenloch auf die Nase. Sticke in Rd 2 zwei Augen mithilfe von Garn F auf.

Vernähe alle Fadenenden.

SCHILDKRÖTE

WAS DU BRAUCHST

Kleine Mengen von DK (8-fädrig/Light) Acrylgarn in Azurblau (A), Hellgrün (B), Creme (C), Rosa (D) und Schwarz (E)

ANLEITUNG

SCHILDKRÖTE-HÄKELQUADRAT

Verwende Garn A, häkle 3 Lm.

Runde 1: (Die ersten 2 Lm und das 1. Stb zählen durchgehend als Stb-Cl), in 2. Lm von der Nadel aus häkeln, 1 Stb, 1 Lm, (1 Stb-Cl, 1 Lm) x5, mit 1 Km oben mit der 1. M verbinden (12 M inkl Lm).

Runde 2: Farbwechsel zu Garn B, 1 Km in die Lmk, 2 Lm, [1 Stb, 1 Lm, 1 Stb-Cl, 1 Lm] in die 1. Lmk, [(1 Stb-Cl, 1 Lm) x2] in jede Lmk der Rd, mit 1 Km oben mit der 1. M verbinden (24 M inkl Lm).

Runde 3: Farbwechsel zu Garn A, 1 Km in die Lmk, 2 Lm, [1 Stb, 1 Lm, 1 Stb-Cl, 1 Lm] in die 1. Lmk, [1 Stb-Cl, 1 Lm] in die nächste Lmk, *[(1 Stb-Cl, 1 Lm) x2] in die nächste Lmk, [1 Stb-Cl, 1 Lm] in die nächste Lmk, wdh ab * noch 4x, mit 1 Km oben mit der 1. M verbinden (36 M inkl Lm).

Runde 4: Farbwechsel zu Garn C, bei jedem Stb-Cluster und jeder Lm ausschließlich ins hMg arbeiten, 1 Lm (zählt nicht als M), *2 fM, 2 hStb, [2 Stb, 2 Lm, 2 Stb] in die nächste M, 2 hStb, 2 fM, wdh ab * noch 3x, mit 1 Km oben mit der 1. M verbinden (48).

Runde 5: 3 Lm, 5 Stb, [2 Stb, 2 Lm, 2 Stb] in eine Ecke, *12 Stb, [2 Stb, 2 Lm, 2 Stb] in eine Ecke, wdh ab * noch 2x, 6 Stb, mit 1 Km mit der obersten der ersten 3 Lm verbinden (64).

Runde 6: 3 Lm, 7 Stb, [2 Stb, 2 Lm, 2 Stb] in eine Ecke, *16 Stb, [2 Stb, 2 Lm, 2 Stb] in eine Ecke, wdh ab * noch 2x, 8 Stb, mit 1 Km mit der obersten der ersten 3 Lm verbinden (80).

Runde 7: Farbwechsel zu Garn D, 2 Lm (zählen als hStb), 9 hStb, [2 hStb, 2 Lm, 2 hStb] in eine Ecke, *20 hStb, [2 hStb, 2 Lm, 2 hStb] in eine Ecke, wdh ab * noch 2x, 10 hStb, mit 1 Km mit der obersten der ersten 2 Lm verbinden (96).

Beenden und vernähen.

RAND DES PANZERS

Ausschließlich ins vMg arbeiten, Garn B in Rd 3 an der 1. M anketten, 1 Lm, (5 fM, 2 fM die nächste M) x6, mit 1 Km oben mit der 1. M verbinden (42).

Beenden und vernähen.

KOPF

Verwende Garn A, häkle 4 Lm.

Runde 1: (Die ersten 3 Lm zählen als Stb), 11 Stb in 4. Lm von der Nadel aus, mit 1 Km mit der obersten der ersten 3 Lm verbinden (12).

Faden lang abschneiden, um später den Kopf anzunähen.

BEIN (4X)

Verwende Garn A, häkle 4 Lm.

Reihe 1: (Die ersten 3 Lm zählen als Stb), in 4. Lm von der Nadel aus häkeln, 4 Stb, 1 DStb (6).

Faden lang abschneiden und durch die Schlaufe auf der Nadel ziehen, um später das Bein anzuhäkeln.

FERTIGSTELLUNG

Verwende die Fadenenden, um den Kopf und die Beine anzunähen, wobei du zwei der Beine umdrehst und mit der Rückseite nach oben befestigst.

Verwende Garn E, um zwei Augen aufzusticken

Vernähe alle Fadenenden.

BESONDERE HÄKELTECHNIK

Stb-Cl: Stäbchen-Cluster

MARIENKÄFER

WAS DU BRAUCHST

Kleine Mengen von DK (8-fädrig/Light) Acrylgarn in Rot (A), Sonnengelb (B), Creme (C), Schwarz (D) und Weiß (E)

ANLEITUNG

MARIENKÄFER-HÄKELQUADRAT

Verwende Garn A, häkle 4 Lm.

Runde 1: (Die ersten 3 Lm zählen durchgehend als Stb), 11 Stb in die 4. M von der Nadel aus, mit 1 Km mit der obersten der ersten 3 Lm verbinden (12).

Runde 2: 3 Lm, 1 Stb in die 1. M, 2 Stb in jede M der Rd, mit 1 Km mit der obersten der ersten 3 Lm verbinden (24).

Runde 3: 3 Lm, 2 Stb in die nächste M, (1 Stb, 2 Stb in die nächste M) x11, mit 1 Km mit der obersten der ersten 3 Lm verbinden (36).

Runde 4: Farbwechsel zu Garn B, ausschließlich ins hMg arbeiten, 1 Lm (zählt nicht als M), *2 fM, 2 hStb, [2 Stb, 2 Lm, 2 Stb] in die nächste M, 2 hStb, 2 fM, wdh ab * noch 3x, mit 1 Km oben mit der 1. M verbinden (48).

Runde 5: 3 Lm, 5 Stb, [2 Stb, 2 Lm, 2 Stb] in eine Ecke, *12 Stb, [2 Stb, 2 Lm, 2 Stb] in eine Ecke, wdh ab * noch 2x, 6 Stb, mit 1 Km mit der obersten der ersten 3 Lm verbinden (64).

Runde 6: 3 Lm, 7 Stb, [2 Stb, 2 Lm, 2 Stb] in eine Ecke, *16 Stb, [2 Stb, 2 Lm, 2 Stb] in eine Ecke, wdh ab * noch 2x, 8 Stb, mit 1 Km mit der obersten der ersten 3 Lm verbinden (80).

Runde 7: Farbwechsel zu Garn C, 2 Lm (zählen als hStb), 9 hStb, [2 hStb, 2 Lm, 2 hStb] in eine Ecke, *20 hStb, [2 hStb, 2 Lm, 2 hStb] in eine Ecke, wdh ab * noch 2x, 10 hStb, mit 1 Km mit der obersten der ersten 2 Lm verbinden (96).

Beenden und vernähen.

KOPF

Ausschließlich ins vMg arbeiten, Garn D in Rd 3 an der 20. M anketten (3 M vor der Ecke), 2 M üspr, 6 Stb in die nächste M, 2 M üspr, 1 Km in die nächste M (6).

Faden lang abschneiden, um später den Kopf anzunähen.

PUNKTE (4X)

Verwende Garn D, häkle 2 Lm.

Runde 1: 5 fM in die 2. M von der Nadel aus, mit 1 Km oben mit der 1. M verbinden (5).

Faden lang abschneiden, um später die Punkte anzunähen.

FERTIGSTELLUNG

Verwende Garn D, um mittels Oberflächenhäkeln oder Kettenstich sechs Beine aufzusticken.

Sticke mittels Rückstich eine Linie mittig auf den Rücken des Marienkäfers.

Nähe den Kopf und die Punkte mithilfe der Fadenenden an, so wie es im Foto gezeigt wird.

Mit Garn E stickst du zwei Augen auf.

Vernähe alle Fadenenden.

QUALLE

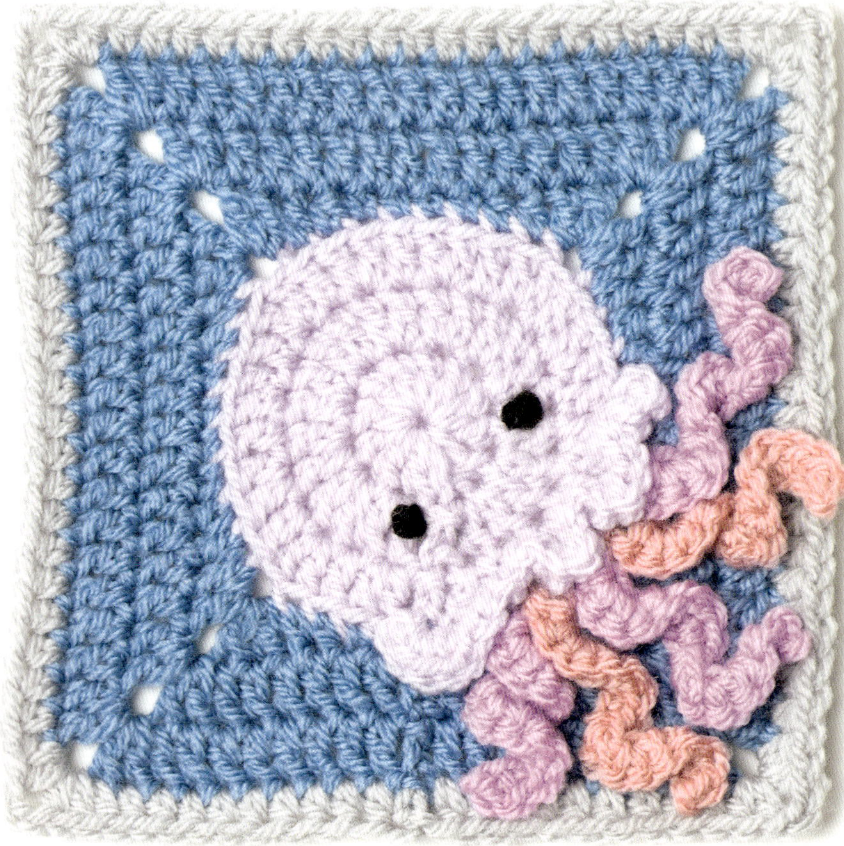

WAS DU BRAUCHST

Kleine Mengen von DK (8-fädrig/Light) Acrylgarn in Flieder (A), Blau (B), Grau (C), Lila (D), Rosa (E) und Schwarz (F)

ANLEITUNG

QUALLE-HÄKELQUADRAT

Verwende Garn A, häkle 4 Lm.

Runde 1: (Die ersten 3 Lm zählen durchgehend als Stb), 11 Stb in die 4. M von der Nadel aus, mit 1 Km mit der obersten der ersten 3 Lm verbinden (12).

Runde 2: 3 Lm, 1 Stb in die 1. M, 2 Stb in jede M der Rd, mit 1 Km mit der obersten der ersten 3 Lm verbinden (24).

Runde 3: 3 Lm, 2 Stb in die nächste M, (1 Stb, 2 Stb in die nächste M) x11, mit 1 Km mit der obersten der ersten 3 Lm verbinden (36).

Runde 4: Farbwechsel zu Garn B, ausschließlich ins hMg arbeiten, 1 Lm (zählt nicht als M), *2 fM, 2 hStb, [2 Stb, 2 Lm, 2 Stb] in die nächste M, 2 hStb, 2 fM, wdh ab * noch 3x, mit 1 Km oben mit der 1. M verbinden (48).

Runde 5: 3 Lm, 5 Stb, [2 Stb, 2 Lm, 2 Stb] in eine Ecke, *12 Stb, [2 Stb, 2 Lm, 2 Stb] in eine Ecke, wdh ab * noch 2x, 6 Stb, mit 1 Km mit der obersten der ersten 3 Lm verbinden (64).

Runde 6: 3 Lm, 7 Stb, [2 Stb, 2 Lm, 2 Stb] in eine Ecke, *16 Stb, [2 Stb, 2 Lm, 2 Stb] in eine Ecke, wdh ab * noch 2x, 8 Stb, mit 1 Km mit der obersten der ersten 3 Lm verbinden (80).

Runde 7: Farbwechsel zu Garn C, 2 Lm (zählen als hStb), 9 hStb, [2 hStb, 2 Lm, 2 Stb] in eine Ecke, *20 hStb, [2 hStb, 2 Lm, 2 hStb] in eine Ecke, wdh ab * noch 2x, 10 hStb, mit 1 Km mit der obersten der ersten 2 Lm verbinden (96).

Beenden und vernähen.

RÜSCHEN

Arbeite ausschließlich ins vMgl, Garn A in Rd 3 an der 1. M anketten, 1 Lm, (3 fM in jede M) x9, 1 Km in dieselbe M wie zuletzt, den Rest der M unbehäkelt lassen (27).

Beenden und vernähen.

TENTAKEL (5X: 3 IN GARN D UND 2 IN GARN E)

Verwende Garn D oder E, häkle 9 Lm.

Reihe 1: 2 fM in die 2. Lm von der Nadel aus, 2 fM in jede M der Reihe (16).

Faden lang abschneiden und durch die Schlinge auf der Nadel ziehen, um später die Tentakel anzunähen.

FERTIGSTELLUNG

Nähe die Tentakel mithilfe der Fadenenden an. Nähe dabei drei Viertel jedes Tentakels fest, während die Enden lose bleiben.

Verwende Garn F, um die Augen in Rd 2 aufzusticken, wie es im Foto gezeigt wird.

Vernähe alle Fadenenden.

TUKAN

WAS DU BRAUCHST

Kleine Mengen von DK (8-fädrig/Light) Acrylgarn in Schwarz (A), Hellgrün (B), Sonnengelb (C), Weiß (D), Rot (E), Orange (F) und Azurblau (G)

ANLEITUNG

TUKAN-HÄKELQUADRAT

Verwende Garn A, häkle 4 Lm.

Runde 1: (Die ersten 3 Lm zählen durchgehend als Stb), 11 Stb in die 4. Lm von der Nadel aus, mit 1 Km mit der obersten der ersten 3 Lm verbinden (12).

Runde 2: 3 Lm, 1 Stb in die 1. M, 2 Stb in jede M der Rd, mit 1 Km mit der obersten der ersten 3 Lm verbinden (24).

Runde 3: 3 Lm, 2 Stb in die nächste M, (1 Stb, 2 Stb in die nächste M) x11, mit 1 Km mit der obersten der ersten 3 Lm verbinden (36).

Runde 4: Farbwechsel zu Garn B, ausschließlich ins hMg arbeiten, 1 Lm (zählt nicht als M), *2 fM, 2 hStb, [2 Stb, 2 Lm, 2 Stb] in die nächste M, 2 hStb, 2 fM, wdh ab * noch 3x, mit 1 Km oben mit der 1. M verbinden (48).

Runde 5: 3 Lm, 5 Stb, [2 Stb, 2 Lm, 2 Stb] in eine Ecke, *12 Stb, [2 Stb, 2 Lm, 2 Stb] in eine Ecke, wdh ab * noch 2x, 6 Stb, mit 1 Km mit der obersten der ersten 3 Lm verbinden (64).

Runde 6: 3 Lm, 7 Stb, [2 Stb, 2 Lm, 2 Stb] in eine Ecke, *16 Stb, [2 Stb, 2 Lm, 2 Stb] in eine Ecke, wdh ab * noch 2x, 8 Stb, mit 1 Km mit der obersten der ersten 3 Lm verbinden (80).

Runde 7: Farbwechsel zu Garn C, 2 Lm (zählen als hStb), 9 hStb, [2 hStb, 2 Lm, 2 hStb] in eine Ecke, *20 hStb, [2 hStb, 2 Lm, 2 hStb] in eine Ecke, wdh ab * noch 2x, 10 hStb, mit 1 Km mit der obersten der ersten 2 Lm verbinden (96).

Beenden und vernähen.

KOPF

Verwende Garn D, häkle 6 Lm.

Runde 1: (Die ersten 3 Lm zählen als Stb), 2 Stb in 4. Lm von der Nadel aus, 1 Stb, 6 Stb in die letzte Lm, in die Unterseite der Lmk arbeiten, 1 Stb in die nächste Lm, 3 Stb in dieselbe Lm wie die ersten 2 Stb, mit 1 Km mit der obersten der ersten 3 LM verbinden (14).

Runde 2: 1 Lm (zählt nicht als M), 2 fM in die 1. M, (2 fM in die nächste M) x2, 1 fM, (2 fM in die nächste M) x6, 1 fM, (2 fM in die nächste M) x3, mit 1 Km oben mit der 1. fM verbinden (26).

Runde 3: Farbwechsel zu Garn A, 1 Lm, 1 fM in jede M der Rd, mit 1 Km oben mit der 1. fM verbinden.

Faden lang abschneiden, um später den Kopf anzunähen.

FLÜGEL

Verwende Garn A, häkle 4 Lm.

Reihe 1: (Die ersten 3 Lm zählen durchgehend als Stb), 5 Stb in die 4. Lm von der Nadel aus, wenden (6).

Reihe 2: 3 Lm, 1 Stb in die 1. M, 2 Stb in jede M der Reihe (12).

Faden lang abschneiden und durch die Schlaufe auf der Nadel ziehen, um später den Flügel anzunähen.

SCHNABEL

Verwende Garn E, häkle 6 Lm.

Reihe 1: 1 fM in die 2. Lm von der Nadel aus, 3 fM, 3 fM in die letzte M, wenden (7).

Reihe 2: Farbwechsel zu Garn F, 1 Lm, 2 fM in die 1. M, 6 fM, wenden (8).

Reihe 3: Farbwechsel zu Garn C, 1 Lm, 7 fM, Farbwechsel zu Garn A, 2 fM in die letzte M (9).

Faden lang abschneiden und durch die Schlaufe auf der Nadel ziehen, um später den Schnabel anzunähen.

FÜSSE

Ausschließlich ins hMg arbeiten, Garn G in Rd 3 an der 33. M anketten (M direkt nach der Ecke), *2 Lm, 1 hStb in dieselbe M, 2 Lm, 1 Km in dieselbe M*, 1 Km in die nächste M, wdh von * bis * noch 1x.

Beenden und vernähen.

FERTIGSTELLUNG

Nähe den Kopf, den Schnabel und die Flügel mithilfe der Fadenenden an.

Verwende Garn A, um ein Auge aufzusticken.

Vernähe alle Fadenenden.

HOCHLANDRIND

WAS DU BRAUCHST

Kleine Mengen von DK (8-fädrig/Light) Acrylgarn in Braun (A), Orange (B), Grün (C), Beige (D), Dunkelbraun (E) und Schwarz (F)

ANLEITUNG

HOCHLANDRIND-HÄKELQUADRAT

Verwende Garn A, häkle 4 Lm.

Runde 1 (VS): (Die ersten 3 Lm zählen durchgehend als Stb), 11 Stb in die 4. Lm von der Nadel aus, mit 1 Km mit der obersten der ersten 3 LM verbinden (12).

Runde 2: 2 Lm (die ersten 2 Lm zählen durchgehend als hStb), 1 hStb in die 1. M, 2 hStb in jede M der Rd, mit 1 Km mit der obersten der ersten 2 Lm verbinden, wenden (24).

Runde 3 (RS): 1 Lm, 1 Schlm in jede M der Rd, mit 1 Km oben mit der 1. Lm verbinden, wenden.

Runde 4 (VS): 1 Lm (zählt nicht durchgehend als M), (1 fM, 2 fM in die nächste M) x12, mit 1 Km oben mit der 1. M verbinden, wenden (36).

Runde 5 (RS): 1 Lm, 1 Schlm in jede M der Rd, mit 1 Km oben mit der 1. M verbinden, wenden.

Runde 6 (VS): Farbwechsel zu Garn B, in beide Schlingen arbeiten, 1 Lm, *2 fM, 2 hStb, [2 Stb, 2 Lm, 2 Stb] in die nächste M, 2 hStb, 2 fM, wdh ab * noch 3x, mit 1 Km oben mit der 1. M verbinden (48).

Runde 7: 3 Lm, 5 Stb, [2 Stb, 2 Lm, 2 Stb] in eine Ecke, *12 Stb, [2 Stb, 2 Lm, 2 Stb] in eine Ecke, wdh ab * noch 2x, 6 Stb, mit 1 Km mit der obersten der ersten 3 Lm verbinden (64).

Runde 8: 3 Lm, 7 Stb, [2 Stb, 2 Lm, 2 Stb] in eine Ecke, *16 Stb, [2 Stb, 2 Lm, 2 Stb] in eine Ecke, wdh ab * noch 2x, 8 Stb, mit 1 Km mit der obersten der ersten 3 Lm verbinden (80).

Runde 9: Farbwechsel zu Garn C, 2 Lm, 9 hStb, [2 hStb, 2 Lm, 2 hStb] in eine Ecke, *20 hStb, [2 hStb, 2 Lm, 2 hStb] in eine Ecke, wdh ab * noch 2x, 10 hStb, mit 1 Km mit der obersten der ersten 2 Lm verbinden (96).

Beenden und vernähen.

OHR (2X)

Verwende Garn A, häkle 4 Lm.

Reihe 1: 1 fM in die 2. Lm von der Nadel aus, 1 hStb, 1 fM (3).

Faden lang abschneiden und durch die Schlaufe auf der Nadel ziehen, um später die Ohren anzunähen.

NASE

Verwende Garn D, häkle 6 Lm.

Runde 1: (Die ersten 3 Lm zählen als Stb), 2 Stb in die 4. Lm von der Nadel aus, 1 Stb, 6 Stb in die letzte Lm, in die Unterseite der Lmk arbeiten, 1 Stb in die nächste Lm, 3 Stb in dieselbe Lm wie die ersten 2 Stb, mit 1 Km mit der obersten der ersten 3 Lm verbinden (14).

Faden lang abschneiden, um später die Nase anzunähen.

HORN (2X)

Verwende Garn D, häkle 6 Lm.

Reihe 1: 1 fM in die 2. Lm von der Nadel aus, 2 fM in die nächste M, 2 hStb die nächste M, 1 hStb, 1 Stb (7).

Faden lang abschneiden und durch die Schlaufe auf der Nadel ziehen, um später das Horn anzunähen.

FERTIGSTELLUNG

Verwende die Fadenenden, um die Nase, die Ohren und die Hörner anzunähen, wobei du ein Horn umdrehst und mit der Rückseite nach oben zeigend annähst.

Verwende Garn E, um zwei kleine Stiche für je ein Nasenloch auf die Nase aufzusticken.

Sticke mit Garn F zwei Augen in Rd 2 auf.

Vernähe alle Fadenenden.

BESONDERE HÄKELTECHNIK

Schlm: Schlingmaschen

EINHORN

WAS DU BRAUCHST

Kleine Mengen von DK (8-fädrig/Light) Acrylgarn in Weiß (A), Hellgelb (B), Orange (C), Rosa (D), Flieder (E), Lila (F), Grau (G) und Schwarz (H)

ANLEITUNG

EINHORN-HÄKELQUADRAT

Verwende Garn A, häkle 4 Lm.

Runde 1: (Die ersten 3 Lm zählen durchgehend als Stb), 11 Stb in die 4. Lm von der Nadel aus, mit 1 Km mit der obersten der ersten 3 Lm verbinden (12).

Runde 2: 3 Lm, 1 Stb in die 1. M, 2 Stb in jede M der Rd, mit 1 Km mit der obersten der ersten 3 Lm verbinden (24).

Runde 3: 3 Lm, 2 Stb in die nächste M, (1 Stb, 2 Stb in die nächste M) x11, mit 1 Km mit der obersten der ersten 3 Lm verbinden (36).

Runde 4: Farbwechsel zu Garn B, ausschließlich ins hMg arbeiten, 1 Lm (zählt nicht als M), *2 fM, 2 hStb, [2 Stb, 2 Lm, 2 Stb] in die nächste M, 2 hStb, 2 fM, wdh ab * noch 3x, mit 1 Km oben mit der 1. M verbinden (48).

Runde 5: 3 Lm, 5 Stb, [2 Stb, 2 Lm, 2 Stb] in eine Ecke, *12 Stb, [2 Stb, 2 Lm, 2 Stb] in eine Ecke, wdh ab * noch 2x, 6 Stb, mit 1 Km mit der obersten der ersten 3 Lm verbinden (64).

Runde 6: 3 Lm, 7 Stb, [2 Stb, 2 Lm, 2 Stb] in eine Ecke, *16 Stb, [2 Stb, 2 Lm, 2 Stb] in eine Ecke, wdh ab * noch 2x, 8 Stb, mit 1 Km mit der obersten der ersten 3 Lm verbinden (80).

Runde 7: Farbwechsel zu Garn C, 2 Lm (zählen als hStb), 9 hStb, [2 hStb, 2 Lm, 2 hStb] in eine Ecke, *20 hStb, [2 hStb, 2 Lm, 2 hStb] in eine Ecke, wdh ab * noch 2x, 10 hStb, mit 1 Km mit der obersten der ersten 2 Lm verbinden (96).

Beenden und vernähen.

OHR (2X)

Ausschließlich ins vMg arbeiten, Garn A in Rd 3 an der 15. M anketten (links von der Ecke), 4 Lm, 1 fM in die 2. Lm von der Nadel aus, 1 hStb, 1 fM, 1 Km in die nächste M in Rd 3 (5).

Faden lang abschneiden, um später die Ohrspitzen anzunähen (Wenn du einen dreidimensionaleren Effekt haben möchtest, kannst du die Spitze auch einfach so lassen.)

Für das zweite Ohr wiederholen, Garn in Rd 3 an der 21. M anketten (2 M vor der Ecke).

NASE

Verwende Garn A, häkle 6 Lm.

Runde 1: (Die ersten 3 Lm zählen als Stb), 2 Stb in die 4. Lm von der Nadel aus, 1 Stb, 6 Stb in die letzte Lm, in die Unterseite der Lmk arbeiten, 1 Stb in die nächste Lm, 3 Stb in dieselbe Lm wie die ersten 2 Stb, mit 1 Km mit der obersten der ersten 3 LM verbinden (14).

Faden lang abschneiden, um später die Nase anzunähen.

PONY (3X: JE EINMAL IN D, E UND F)

Verwende Garn D, E oder F, häkle 6 Lm.

Reihe 1: 2 fM in die 2. Lm von der Nadel aus, 2 fM in jede M der Reihe (10).

Faden lang abschneiden und durch die Schlaufe auf der Nadel ziehen, um später den Pony anzunähen.

MÄHNE (3X: JE EINMAL IN D, E UND F)

Verwende Garn D, E oder F, häkle 11 Lm.

Reihe 1: 2 fM in die 2. Lm von der Nadel aus, 2 fM in jede M der Reihe (20).

Faden lang abschneiden und durch die Schlaufen auf der Nadel ziehen, um später die Mähne anzunähen.

HORN

Verwende Garn G, häkle 6 Lm.

Reihe 1: 1 fM in die 2. Lm von der Nadel aus, 1 fM, 2 hStb, 1 Stb (5).

Faden abschneiden und durch die Schlaufen auf der Nadel ziehen, um später das Horn anzunähen.

FERTIGSTELLUNG

Optional: Nähe die Ohrspitzen des Einhorns mithilfe der Fadenenden an.
Nähe Horn, Pony und Mäne mithilfe der Fadenenden an, wobei du jeweils drei Viertel von Pony und Mähne festnähst und den Rest lose lässt. Verwende Garn F, und sticke zwei kleine Stiche für jedes Nasenloch auf die Nase. Verwende Garn H, um in Rd 2 zwei kleine »V«-Stiche für die Augen aufzusticken. Vernähe alle Fadenenden.

FAULTIER

WAS DU BRAUCHST

Kleine Mengen von DK (8-fädrig/Light) Acrylgarn in Braun (A), Creme (B) Hellgrün (C), Orange (D), Dunkelbraun (E) und Schwarz (F)

ANLEITUNG

FAULTIER-HÄKELQUADRAT

Verwende Garn A, häkle 4 Lm.

Runde 1 (VS): (Die ersten 3 Lm zählen durchgehend als Stb), in die 4. Lm von der Nadel aus arbeiten, 5 Stb, Farbwechsel zu Garn B, dabei Garn A nicht abschneiden, sondern das nicht verwendete Garn hinter der Häkelarbeit entlangführen, 6 Stb, mit 1 Km mit der obersten der ersten 3 Lm verbinden, wenden (12).

Runde 2 (RS): 3 Lm, 1 Stb in die 1. M, (2 Stb in die nächste M) x5, Farbwechsel zu Garn A, (2 Stb in die nächste M) x6, mit 1 Km mit der obersten der ersten 3 Lm verbinden, wenden (24).

Runde 3 (VS): 3 Lm, 2 Stb in die nächste M, (1 Stb, 2 Stb in die nächste M) x5, Farbwechsel zu Garn B, (1 Stb, 2 Stb in die nächste M) x6, mit 1 Km mit der obersten der ersten 3 Lm verbinden (36).

Faden abschneiden.

Runde 4 (VS): Farbwechsel zu Garn C, Garn in Rd 3 an der 10. M (auf dem Boden des Häkelquadrats) anketten, ausschließlich ins hMg arbeiten, 1 Lm (zählt nicht als M), *2 fM, 2 hStb, [2 Stb, 2 Lm, 2 Stb] in die nächste M, 2 hStb, 2 fM, wdh ab * noch 3x, mit 1 Km oben mit der 1. M verbinden (48).

Runde 5: 3 Lm, 5 Stb, [2 Stb, 2 Lm, 2 Stb] in eine Ecke, *12 Stb, [2 Stb, 2 Lm, 2 Stb] in eine Ecke, wdh ab * noch 2x, 6 Stb, mit 1 Km mit der obersten der ersten 3 Lm verbinden (64).

Runde 6: 3 Lm, 7 Stb, [2 Stb, 2 Lm, 2 Stb] in eine Ecke, *16 Stb, [2 Stb, 2 Lm, 2 Stb] in eine Ecke, wdh ab * noch 2x, 8 Stb, mit 1 Km mit der obersten der ersten 3 Lm verbinden (80).

Runde 7: Farbwechsel zu Garn C, 2 Lm (zählen als hStb), 9 hStb, [2 hStb, 2 Lm, 2 hStb] in eine Ecke, *20 hStb, [2 hStb, 2 Lm, 2 hStb] in eine Ecke, wdh ab * noch 2x, 10 hStb, mit 1 Km mit der obersten der ersten 2 Lm verbinden (96).

Beenden und vernähen.

KOPF

Verwende Garn B, häkle 4 Lm.

Runde 1: (Die ersten 3 Lm zählen als Stb), 11 Stb in die 4. Lm von der Nadel aus, mit 1 Km mit der obersten der ersten 3 Lm verbinden (12).

Runde 2: Farbwechsel zu Garn A, 1 Lm, (1 fM, 2 fM in die nächste M) x6, mit 1 Km oben mit der 1. M verbinden (18).

Faden lang abschneiden, um später den Kopf anzunähen.

AUGEN-PATCH (2X)

Verwende Garn E, häkle 3 Lm.

Reihe 1: 1 fM in die 2. Lm von der Nadel aus, 1 fM (2).

Faden lang abschneiden und durch die Schlaufe auf der Nadel ziehen, um später das Augen-Patch anzunähen.

BEIN (2X)

Verwende Garn A, häkle 8 Lm.

Reihe 1: (Die ersten 2 Lm zählen als hStb), 1 hStb in die 3. Lm von der Nadel aus, 5 hStb (7).

Faden lang abschneiden und durch die Schlaufe auf der Nadel ziehen, um später das Bein anzunähen.

FERTIGSTELLUNG

Nähe den Kopf, die Augen-Patches und die Beine mithilfe der Fadenenden an.

Verwende Garn E, um mithilfe des Oberflächenhäkelns oder des Kettenstichs einen Ast aufzusticken.

Verwende Garn F, um zwei Augen und eine Nase aufzusticken.

Vernähe alle Fadenenden.

DINOSAURIER

WAS DU BRAUCHST

Kleine Mengen von DK (8-fädrig/Light) Acrylgarn in Grün (A), Orange (B), Grau (C), Hellgrün (D), Azurblau (E) und Schwarz (F)

ANLEITUNG

DINOSAURIER-HÄKELQUADRAT

Verwende Garn A, häkle 4 Lm.

Runde 1: (Die ersten 3 Lm zählen durchgehend als Stb), 11 Stb in die 4. Lm von der Nadel aus, mit 1 Km mit der obersten der ersten 3 Lm verbinden (12).

Runde 2: 3 Lm, 1 Stb in die 1. M, 2 Stb in jede M der Rd, mit 1 Km mit der obersten der ersten 3 Lm verbinden (24).

Runde 3: 3 Lm, 2 Stb in die nächste M, (1 Stb, 2 Stb in die nächste M) x11, mit 1 Km mit der obersten der ersten 3 Lm verbinden (36).

Runde 4: Farbwechsel zu Garn B, ausschließlich ins hMg arbeiten, 1 Lm (zählt nicht als M), *2 fM, 2 hStb, [2 Stb, 2 Lm, 2 Stb] in die nächste M, 2 hStb, 2 fM, wdh ab * noch 3x, mit 1 Km oben mit der 1. M verbinden (48).

Runde 5: 3 Lm, 5 Stb, [2 Stb, 2 Lm, 2 Stb] in eine Ecke, *12 Stb, [2 Stb, 2 Lm, 2 Stb] in eine Ecke, wdh ab * noch 2x, 6 Stb, mit 1 Km mit der obersten der ersten 3 Lm verbinden (64).

Runde 6: 3 Lm, 7 Stb, [2 Stb, 2 Lm, 2 Stb] in eine Ecke, *16 Stb, [2 Stb, 2 Lm, 2 Stb] in eine Ecke, wdh ab * noch 2x, 8 Stb, mit 1 Km mit der obersten der ersten 3 Lm verbinden (80).

Runde 7: Farbwechsel zu Garn C, 2 Lm (zählen als hStb), 9 hStb, [2 hStb, 2 Lm, 2 hStb] in eine Ecke, *20 hStb, [2 hStb, 2 Lm, 2 hStb] in eine Ecke, wdh ab * noch 2x, 10 hStb, mit 1 Km mit der obersten der ersten 2 Lm verbinden (96).

Beenden und vernähen.

KRAUSE AM KOPF

Ausschließlich ins vMg arbeiten, Garn A in Rd 3 an der 10. M anketten (rechte Seite des Gesichts aus deiner Perspektive), 3 Lm, [1 Stb, 2 Lm, 2 Stb] in die 1. M, * 1 M üspr, [2 Stb, 2 Lm, 2 Stb] in die nächste M, wdh ab * noch 6x, 1 M üspr, [2 Stb, 2 Lm, 1 Stb] in die nächste M, 3 Lm, mit 1 Km mit derselben M wie zuletzt verbinden.

Beenden und vernähen.

NASE

Verwende Garn D, häkle 6 Lm.

Runde 1: (Die ersten 3 Lm zählen durchgehend als Stb), 2 Stb in die 4. Lm von der Nadel aus, 1 Stb, 6 Stb in die letzte Lm, in die Unterseite der Lmk arbeiten, 1 Stb in die nächste Lm, 3 Stb in dieselbe Lm die die ersten 2 Stb, mit 1 Km mit der obersten der ersten 3 Lm verbinden (14).

Runde 2: 3 Lm, 1 Stb in die 1. M, (2 Stb in die nächste M) x2, 1 Stb, (2 Stb in die nächste M) x6, 1 Stb, (2 Stb in die nächste M) x3, mit 1 Km mit der obersten der ersten 3 Lm verbinden (26).

Faden lang abschneiden, um später die Nase anzunähen.

HORN AUF DER NASE

Verwende Garn E, häkle 6 Lm.

Reihe 1: 1 fM in die 2. Lm von der Nadel aus, 1 fM, 2 hStb, 1 Stb (5).

Faden lang abschneiden und durch die Schlaufe auf der Nadel ziehen, um später das Horn anzunähen.

HORN AUF DEM KOPF (2X)

Verwende Garn E, häkle 7 Lm.

Reihe 1: 1 fM in die 2. Lm von der Nadel aus, 1 fM, 2 hStb, 2 Stb (6).

Faden lang abschneiden und durch die Schlaufe auf der Nadel ziehen, um später das Horn anzunähen.

FERTIGSTELLUNG

Verwende die Fadenenden, um die Nase, das Nasenhorn und die Kopfhörner anzunähen, wie es im Bild gezeigt wird, dabei ein Kopfhorn umdrehen und mit der Rückseite nach oben zeigend annähen.

Verwende Garn F, um zwei Augen in Rd 2 aufzusticken.

Vernähe alle Fadenenden.

KRABBE

WAS DU BRAUCHST

Kleine Mengen von DK (8-fädrig/Light) Acrylgarn in Orange (A), Hellgelb (B), Azurblau (C) und Schwarz (D)

ANLEITUNG

KRABBE-HÄKELQUADRAT

Verwende Garn A, häkle 3 Lm.

Runde 1: (Die ersten 2 Lm zählen nicht durchgehend als hStb), 9 hStb in die 3. Lm von der Nadel aus, mit 1 Km oben mit dem 1. hStb verbinden (9).

Runde 2: 2 Lm, 2 hStb in jede M der Rd, mit 1 Km oben mit dem 1. hStb verbinden (18).

Runde 3: 2 Lm, (1 hStb, 2 hStb in die nächste M) x9, mit 1 Km oben mit dem 1. hStb verbinden (27).

Runde 4: 2 Lm, (2 hStb, 2 hStb in die nächste M) x9, mit 1 Km oben mit dem 1. hStb verbinden (36).

Runde 5: Farbwechsel zu Garn B, ausschließlich ins hMg arbeiten, 1 Lm (zählt nicht als M), *2 fM, 2 hStb, [2 Stb, 2 Lm, 2 Stb] in die nächste M, 2 hStb, 2 fM, wdh ab * noch 3x, mit 1 Km oben mit der 1. M verbinden (48).

Runde 6: 3 Lm, 5 Stb, [2 Stb, 2 Lm, 2 Stb] in eine Ecke, *12 Stb, [2 Stb, 2 Lm, 2 Stb] in eine Ecke, wdh ab * noch 2x, 6 Stb, mit 1 Km mit der obersten der ersten 3 Lm verbinden (64).

Runde 7: 3 Lm, 7 Stb, [2 Stb, 2 Lm, 2 Stb] in eine Ecke, *16 Stb, [2 Stb, 2 Lm, 2 Stb] in eine Ecke, wdh ab * noch 2x, 8 Stb, mit 1 Km mit der obersten der ersten 3 Lm verbinden (80).

Runde 8: Farbwechsel zu Garn C, 2 Lm (zählen als hStb), 9 hStb, [2 hStb, 2 Lm, 2 hStb] in eine Ecke, *20 hStb, [2 hStb, 2 Lm, 2 hStb] in eine Ecke, wdh ab * noch 2x, 10 hStb, mit 1 Km mit der obersten der ersten 2 Lm verbinden (96).

Beenden und vernähen.

BEINE UND SCHEREN

Garn A an die 1. M in Rd 4 anketten, durchgehend ins vMg arbeiten.

Beine 1-4: 4 Km, (5 Lm, 1 fM in die 2. Lm von der Nadel aus, 1 fM, 2 fM in die nächste M, 1 fM, 1 M üspr in Rd 4, 1 Km in die nächste M) x2, (6 Lm, 1 fM in die 2. Lm von der Nadel aus, 1 fM, 2 fM zus abn, 1 fM, 1 M üspr in Rd 4, 1 Km in die nächste M) x2.

Scheren: 7 Lm, 1 fM in die 2. Lm von der Nadel aus, 1 hStb, 1 fM, 4 Lm, 1 fM in die 2. Lm von der Nadel aus, 1 hStb, 1 fM, 1 fM in dieselbe M wie die letzte fM vor den 4 Lm, 2 fM zus abn, 1 fM, 1 M üspr in Rd 4, 1 Km in die nächste M, 8 Km, 6 Lm, 1 fM in die 2. Lm von der Nadel aus, 1 hStb, 1 fM, 4 Lm, 1 fM in die 2. Lm von der Nadel aus, 1 hStb, 1 fM, 1 fM in dieselbe M wie die letzte fM vor den 4 Lm, 2 fM in die nächste M, 1 fM, 1 M üspr in Rd 4, 1 Km in die nächste M.

Beine 5-8: (5 Lm, 1 fM in die 2. Lm von der Nadel aus, 1 fM, 2 fM in die nächste M, 1 fM, 1 M üspr in Rd 4, 1 Km in die nächste M) x2, (6 Lm, 1 fM in die 2. Lm von der Nadel aus, 1 fM, 2 fM zus abn, 1 fM, 1 M üspr in Rd 4, 1 Km in die nächste M) x2, 4 Km.

Beenden und vernähen.

FERTIGSTELLUNG

Verwende Garn A, um die Beine und die Scheren an den entsprechenden Stellen anzunähen.

Verwende Garn D, um zwei Augen in Rd 3 aufzusticken, und zwar oben am Panzer zwischen den Scheren.

Vernähe alle Fadenenden.

BIENE

WAS DU BRAUCHST

Kleine Mengen von DK (8-fädrig/Light) Acrylgarn in Sonnengelb (A), Grau (B), Azurblau (C), Weiß (D) und Schwarz (E)

ANLEITUNG

BIENE-HÄKELQUADRAT

Verwende Garn A, häkle 4 Lm.

Runde 1: (Die ersten 3 Lm zählen durchgehend als Stb), 11 Stb in die 4. Lm von der Nadel aus, mit 1 Km mit der obersten der ersten 3 Lm verbinden (12).

Runde 2: 3 Lm, 1 Stb in die 1. M, 2 Stb in jede M der Rd, mit 1 Km mit der obersten der ersten 3 Lm verbinden (24).

Runde 3: 3 Lm, 2 Stb in die nächste M, (1 Stb, 2 Stb in die nächste M) x11, mit 1 Km mit der obersten der ersten 3 Lm verbinden (36).

Runde 4: Farbwechsel zu Garn B, ausschließlich ins hMg arbeiten, 1 Lm (zählt nicht als M), *2 fM, 2 hStb, [2 Stb, 2 Lm, 2 Stb] in die nächste M, 2 hStb, 2 fM, wdh ab * noch 3x, mit 1 Km oben mit der 1. M verbinden (48).

Runde 5: 3 Lm, 5 Stb, [2 Stb, 2 Lm, 2 Stb] in eine Ecke, *12 Stb, [2 Stb, 2 Lm, 2 Stb] in eine Ecke, wdh ab * noch 2x, 6 Stb, mit 1 Km mit der obersten der ersten 3 Lm verbinden (64).

Runde 6: 3 Lm, 7 Stb, [2 Stb, 2 Lm, 2 Stb] in eine Ecke, *16 Stb, [2 Stb, 2 Lm, 2 Stb] in eine Ecke, wdh ab * noch 2x, 8 Stb, mit 1 Km mit der obersten der ersten 3 Lm verbinden (80).

Runde 7: Farbwechsel zu Garn C, 2 Lm (zählen als hStb), 9 hStb, [2 hStb, 2 Lm, 2 hStb] in eine Ecke, *20 hStb, [2 hStb, 2 Lm, 2 hStb] in eine Ecke, wdh ab * noch 2x, 10 hStb, mit 1 Km mit der obersten der ersten 2 Lm verbinden (96).

Beenden und vernähen.

FLÜGEL (2X)

Farbwechsel zu Garn D, häkle 3 Lm.

Runde 1: (Die ersten 2 Lm zählen nicht als hStb), 9 hStb in die 3. Lm von der Nadel aus, mit 1 Km oben mit dem 1. hStb verbinden (9).

Faden lang abschneiden, um später den Flügel anzunähen.

FERTIGSTELLUNG

Verwende die Garnenden, um die Flügel wie im Foto gezeigt anzunähen.

Verwende Garn E, um Streifen quer über den Körper der Biene aufzusticken, indem du das Oberflächenhäkeln oder den Kettenstich verwendest.

Verwende Garn E, um zwei Fühler mit je einem langen Stich aufzusticken.

Verwende Garn E, um ein Auge zwischen der 2. und der 3. Runde aufzusticken, wie es im Foto gezeigt wird.

Vernähe alle Fadenenden.

AMIGURUMI-DECKE

WAS DU BRAUCHST

Für die einfarbigen Häkelquadrate: Kleine Mengen von DK (8-fädrig/Light) Acrylgarn in der Hauptfarbe (A) und der Randfarbe (B)

Um die Häkelquadrate zusammenzuhäkeln und für den Rand der Decke: 1 Knäuel DK (8-fädrig/Light) Acrylgarn in Grau; 100 g / 276 m

Größe: 78 x 121 cm

ANLEITUNG

Stelle 20 Tier-Häkelquadrate her, indem du die Muster auf den vorhergegangenen Seiten verwendest. Außerdem fertigst du 20 aufeinander abgestimmte einfarbige Häkelquadrate wie folgt an:

EINFARBIGE HÄKELQUADRATE

Verwende Garn A, häkle 4 Lm. Verbinde diese mit 1 Km, um einen Ring zu machen.

Runde 1: 3 Lm (die ersten 3 Lm zählen durchgehend als Stb), in den Ring häkeln: 1 Stb, 2 Lm, (4 Stb, 2 Lm) x3, 2 Stb, mit 1 Km mit der obersten der ersten 3 Lm verbinden (16).

Runde 2: 3 Lm, 1 Stb in die nächste M, [2 Stb, 2 Lm, 2 Stb] in Lmk, *4 Stb, [2 Stb, 2 Lm, 2 Stb] in Lmk, wdh ab * noch 2x, 2 Stb, mit 1 Km mit der obersten der ersten 3 Lm verbinden (32).

Runde 3: 3 Lm, 3 Stb, [2 Stb, 2 Lm, 2 Stb] in eine Ecke, *8 Stb, [2 Stb, 2 Lm, 2 Stb] in eine Ecke, wdh ab * noch 2x, 4 Stb, mit 1 Km mit der obersten der ersten 3 Lm verbinden (48).

Runde 4: 3 Lm, 5 Stb, [2 Stb, 2 Lm, 2 Stb] in eine Ecke, *12 Stb, [2 Stb, 2 Lm, 2 Stb] in eine Ecke, wdh ab * noch 2x, 6 Stb, mit 1 Km mit der obersten der ersten 3 Lm verbinden (64).

Runde 5: 3 Lm, 7 Stb, [2 Stb, 2 Lm, 2 Stb] in eine Ecke, *16 Stb, [2 Stb, 2 Lm, 2 Stb] in eine Ecke, wdh ab * noch 2x, 8 Stb, mit 1 Km mit der obersten der ersten 3 Lm verbinden (80).

Runde 6: Farbwechsel zu Garn B, 2 Lm (zählen als hStb), 9 hStb, [2 hStb, 2 Lm, 2 hStb] in eine Ecke, *20 hStb, [2 hStb, 2 Lm, 2 hStb] in eine Ecke, wdh ab * noch 2x, 10 hStb, mit 1 Km mit der obersten der ersten 2 Lm verbinden (96).

Faden abschneiden und Fadenenden vernähen.

HÄKELQUADRATE ZUSAMMENFÜGEN

Wenn du es bevorzugst, spanne die Häkelquadrate zuerst, indem du jedes Quadrat auf ein Handtuch oder eine Spannmatte pinnst, es leicht mit Wasser besprühst und dann trocknen lässt.

Lege die Häkelquadrate auf die ausgewählten Positionen: fünf Quadrate nebeneinander in acht untereinanderstehenden Reihen. Ich habe einfarbige Quadrate und diejenigen mit Tiermuster wie folgt abgewechselt:

Erste Reihe: einfarbig, Tier, einfarbig, Tier, einfarbig

Zweite Reihe: Tier, einfarbig, Tier, einfarbig, Tier

Ich habe dieses Muster bis zum Ende der Decke so fortgeführt.

Lege die Häkelquadrate mit der Rückseite aufeinander und häkle sie mit grauem Garn mit fM zusammen, wobei du ausschließlich ins hMg der Maschen und Luftmaschen der Ecken arbeitest. Verbinde die Häkelquadrate zuerst in Reihen und füge danach die Reihen zusammen.

DIE DECKE UMRANDEN

Kette graues Garn an jeder Masche entlang des unteren Rands an, arbeite dabei ausschließlich ins hMg.

Runde 1: 3 Lm (zählen durchgehend als Stb), ausschließlich ins hMg arbeiten, 1 Stb in jede M der Rd, häkle 1 Stb in die Ecke der verbindenden fM zwischen den Reihen und [2 Stb, 2 Lm, 2 Stb] in jede Ecke der Decke, dann mit 1 Km mit der obersten der ersten 3 Lm verbinden.

Runde 2: 3 Lm, ausschließlich ins hMg arbeiten, 1 Stb in jede M der Rd, häkle [2 Stb, 2 Lm, 2 Stb] in jede Ecke, dann mit 1 Km mit der obersten der ersten 3 Lm verbinden.

Runde 3: 2 Lm (zählen als hStb), ausschließlich ins hMg arbeiten, 1 hStb in jede M der Rd, häkle [2 hStb, 2 Lm, 2 hStb] in jede Ecke, mit 1 Km mit der obersten der ersten 2 Lm verbinden.

Faden abschneiden und alle Fadenenden vernähen.

DANKSAGUNG (ORIGINALAUSGABE)

Ich möchte dem Team von Search Press dafür danken, dass sie mich beauftragt haben, dieses Häkelbuch zu schreiben.

Danke an Stylecraft und LoveCrafts für das Bereitstellen des gesamten Garns für die Projekte in diesem Buch.

Außerdem ein Dankeschön an meine Freunde und meine Familie für ihre Ermutigung und ihre Unterstützung, und dafür, dass sie meinen Häkel-Unsinn ertragen.

Außerdem bei mitp:

ISBN 978-3-7475-0766-7
www.mitp.de/0766

Manuela Reinhardt

Tierbabys häkeln

22 süße Amigurumi aus aller Welt

- 22 zauberhafte kleine Tierbabys häkeln
- Süße Amigurumi aus aller Welt von einer Baby-Python bis hin zum Baby-Flamingo
- Wunderbar als Geschenk geeignet oder für deinen eigenen kleinen Zoo
- Detaillierte Anleitungen mit Fotos und Videolinks

ISBN 978-3-7475-0676-9
www.mitp.de/0676

Marina Bauer

Die schönsten Ideen aus Papier

Basteln, Dekorieren & Verschenken

- Stilvolle und einzigartige Bastelprojekte von der beliebten Influencerin "marina.bastelt"
- Zahlreiche Ideen für elegante Deko und persönliche Geschenke aus Papier
- Mit detaillierten Schritt-für-Schritt-Anleitungen, vielen Bildern und Hinweisen zum Variieren der Projekte

ISBN 978-3-7475-0760-5
www.mitp.de/0760

Britta Hackenberger

Näh was draus!
Tolle Nähideen für Kinder

Upcycling mit Stoffresten, Jeans & Co.

- Projekte zum selbstständigen Nähen mit der Nähmaschine für Kinder und Jugendliche ab 10 Jahre und kreative Ideen für Eltern
- Näh-Basics für Anfänger und Schritt-für-Schritt-Anleitungen mit vielen Bildern
- Stylische Accessoires und kleine Geschenke nähen: Taschen, Stifte-Mäppchen, Schlüsselband, Kissen, Kleidung und mehr
- Zahlreiche Vorlagen und Schnittmuster zum Download